7 MAGICS THAT MAKE YOU FALL IN LOVE WITH YOURSELF

有川真由美
MAYUMI ARIKAWA

「ダメな自分」がちょっとしたことで好きになる7つの魔法

1 ［客観性の魔法］ "OBJECTIVITY"

2 ［言葉の魔法］ "WORDS"

3 ［環境の魔法］ "ENVIRONMENT"

4 ［行動の魔法］ "ACTION"

5 ［俯瞰の魔法］ "BIRD' S-EYE VIEW"

6 ［想像力の魔法］ "IMAGINATION"

7 ［貢献の魔法］ "CONTRIBUTION"

毎日新聞出版

「ダメな自分」がちょっとしたことで好きになる7つの魔法

7 MAGICS THAT MAKE YOU FALL IN LOVE WITH YOURSELF

はじめに

この本を手に取ってくださったあなたは、「あぁ、自分ってダメだな」とか、「もっとこうであったらいいのに」といった思いがいくらかある方ではないでしょうか。

じつは、私もかつてそんな思いを抱えていました。自分のことが嫌なときは、自信がなくて、行動することや人と関わることが消極的になったり、「人からどう思われているのか」が気になって、だれかの些細な言動に落ち込んだりしたものです。

自分を好きになれる人は、幼いころからずっと愛されて育ってきた人や、魅力や能力があって自信満々な人なのだろうと思っていました。

まず、あなたに伝えたいのは、どんな人でも、どんな自分でも、自分を好きになることは可能だということです。そして、自分をどれだけ好きになり、どんな人としてとらえるかで、人生はまったく変わったものになってきます。

自分を好きになるために、人に認められたり、人から好きになってもらったりすることは重要ではありません。他人が自分をどう思うかではなく、自分が自分をどう思えるかが、本当の価値になっていくのだと思います。

まずは、「ダメなところや、弱いところがあっても、それはそれでいい」と自分で自分を認めることが始まりです。自分の性質を変えようとするのではなく、「これが自分」とありのままの自分を認めて、自分を喜ばせること、自分を生かすことにフォーカスしていくと、生きることがほんとうにラクになります。

結果的に人に認めてもらえること、好きになってもらうことも増えてきます。

自分のことを好きになると、ほかにも……

●自分自身を怒りや悲しみでむやみに傷つけることが、圧倒的に少なくなる

●ほんとうにやりたいことが見つかって自然に動ける

●ものごとを肯定的に受けとめられるようになる

●自分の気持ちを恐れずに人に伝えられる

●自分の人生を自分で決めている感覚をもてる

●根拠がなくても、なんとかなるように思えてくる

●他人に対しても、やさしくなれる

など、自分に対して〝安心感〟をもつことができ、毎日が楽しくなってくるのです。

といっても、「自分のことが嫌」「自分を好きになれない」というのは、感じ方や考え方クセなので、すぐに自分を大好きになれるというわけではないでしょう。

この本に書いたように「ちょっとしたことで好きになる〝魔法〟」を少しずつかけてください。〝魔法〟は大きく分けて、7つあります。

第一章　自分のことをちゃんと見る（客観性の魔法）

第二章　言葉のチカラを利用する（言葉の魔法）

第三章　元気になれる環境を整える（環境の魔法）

第四章　ちょっとだけ動いてみる（行動の魔法）

第五章　自分と他人に対する視点を変えてみる（俯瞰の魔法）

第六章　イメージして、現実的に対処する（想像力の魔法）

第七章　だれかの役に立つ（貢献の魔法）

どこから読んでも、どこから実行してもかまいません。「これはやってみてもいいな」と思えることから始めてみてください。

「ちょっと気がラクになった」「なんだかすっきりした」「あたたかい気持ちになった」など心の状態が少しでもよくなったら、魔法が効いているということ。自分自身に対する〝信頼〟がいくらか変わっているはずです。「これは普段、自分もやっている」と思うことも、自分の気持ちと行動に自信を持つ材料として使ってもらえると幸いです。

自分を好きになることは、自分の絶対的な〝応援団〟をもつことです。

自分の力を信じて、心から応援することができれば、自分が幸せになれること、成長できることはいくらでもやってあげようとするでしょう。反対に、自分を悲しませること、嫌がることは、どんなことでも阻止しようとするでしょう。

落ち込むことがあっても「あなたなら大丈夫」と声をかけて、また前を向けます。

いま、私たちが見ている自分の姿は、自分のほんの一部にすぎません。

きっとまだ自分の奥深くに隠れている力や愛があるはずなのです。

とことん自分に興味をもって好きになって、どこまでも自分を信じて、だれとも比べることのできない人生を、ゆたかで誇りある物語にしていこうではありませんか。

第一章

客観性の魔法 The magic of "objectivity"

「もう一人の自分」になって自分のことを見る

第二章

言葉のチカラを利用する

言葉の魔法 The magic of "Words"

第三章

環境の魔法 The magic of "Environment"

元気になれる環境を整える

第四章
行動の魔法 The magic of "Action"
ちょっとだけ動いてみる

第五章

俯瞰の魔法 The magic of "Bird's-eye view"

自分と他人に対する視点を変えてみる

第六章

想像力の魔法 The magic of "Imagination"

イメージして、現実的に対処する

第七章 貢献の魔法 The magic of "Contribution"

だれかの役に立つ

ブックデザイン　金澤浩二
イラスト　北澤平祐
校閲　ゼロメガ

第一章

客観性の魔法

「もうひとりの自分」になって自分のことを見る

The magic of “objectivity”

01

The magic of "objectivity"

「自分のことが嫌い」なのは、自分のことが見えていないから

最初に質問です、あなたが「自分のことが嫌」と思うのは、どんなときですか？

「同じミスを繰り返してしまうとき」「まわりとうまく人間関係が築けないとき」「見た目や能力、経歴など劣等感をもつとき」「やろうと思っていたことを、やれなかったとき」「人に迷惑をかけたり、叱られたりしたとき」「ラクなほうに逃げてしまうとき」などなど、そこには、いろいろな理由があるでしょう。

「自分のことが嫌」と思うのは、自分に対する〝期待〟と〝現実〟とかけ離れているから。「〇〇でありたいのに、そうでない自分」が受け入れられず、責めたり、失望したり、劣等感をもったり……と、自己嫌悪に陥ってしまうのです。

「こんな自分でありたい」と期待するのは、とても大切なことであり、生きるエネルギーです。が、その〝期待〟は、自分の気持ちや、自分の性質を無視して、「〇〇でなければ」

と、無茶な要求になっているかもしれません。

その〝現実〟は、そんなに不安がらなくてもいいことなのかもしれません。

自分が嫌で、自信や気力をなくしてしまうのは、自分が置かれた状況を冷静に見られず、マイナスの面ばかりがクローズアップされているのです。

そこで、自分を好きになるひとつ目の魔法は、心に「もう一人の自分」をもつこと。

「もう一人の自分」とは、賢く、心あたたかい親友で、どこまでも自分の味方。自分をいつも見守っていて、励ましたり、癒やしたりしてくれる存在と考えるといいでしょう。

客観的に自分を見る目をもつと、ものごとの見え方が変わってきます。「こんなとらえ方もあるよ」と教えてあげると、元気を取り戻して前に進めるのです。

この章では、「もう一人の自分」をもって心を軽くしながら、自分を信じ、自分を大切にしていく方法をお伝えしていきましょう。

「期待どおりの自分」ではなく「前に進む自分」を好きになる

02

The magic of "objectivity"

悲観から抜け出すために、「理想」より「現実」のほうに焦点を合わせる

なにかうまくいかないとき、鬼教官のような厳しさで、自分を叱っていませんか？

たとえば、私もついやりそうになることですが、今日やろうと思っていたことが半分しか終わらなかったとき、「なんてダメなの！」「ほんと、意志が弱いなー」「ほかの人はできているのに」などと自分にダメ出しをしてしまいそうになります。

そこで、〝もう一人の賢い自分〟を登場させて、こう自分に声をかけるのです。

「まぁ、それは、そうなるよね」

大事なのは「良い」とか「悪い」とかではなく、そのままの自分、そのままの現実を、他人のように見つめること。そして、大切な親友を励ますように、愛のある言葉をかけるのです。

「半分も終われば、上出来じゃない？　じゅうぶんよくやったよ」

「え？　もしかして全部終わると思ってた？　おこがましいわー」

「ハードル高すぎ。ていうか、ほかに自分に合う方法があるんじゃない？」

など、声をかけていると、心が軽くなってきます。

不思議なもので、現実を受け入れると、心は自然に前を向くのです。

自分を好きになるために、せっせと自分磨きをしたり、まわりに認めてもらったりして、理想的な自分になることもひとつの方法。ですが、そうでない自分は受け入れられず、根本的な解決にならないでしょう。

〝もう一人の自分〟になって、どんな自分でも「それが自分」と受け入れることは、いつでも、どこでも、だれでもカンタンにできて、効果バツグンの魔法です。

本当の「好き」は、いいところも、そうでないところも「受け入れること」。

ダメな自分でも、嫌なところがあっても、一緒に生きていくしかないでしょう？

ものごとがうまくいかないのは、現状から目を背けているから

03
The magic of "objectivity"

「ダメなところ」があっても「ダメな自分」とジャッジしない

どうやら私たちは、なにかうまくいかないことがあったり、自分のよくない点が見えたりすると、すぐに「ダメな自分」とジャッジしてしまうクセがあるようです。

ときどき、SNSなどを通して、こんなメッセージをもらうことがあります。

「人間関係のいざこざで仕事を辞めました。人とうまくやれない自分が嫌になります」

「自分は見た目もよくなくて、年をとっているので、婚活してもうまくいかないです」

「特別な才能もなく、お金もない自分が、これからの人生、うまくいく気がしない」

そんな人たちの気持ちは、わからなくありません。なにか傷つくことがあると、自分を責めてしまい、そんなことが続くと、すっかり自信をなくしてしまいます。

ものごとを「良い・悪い」とジャッジしてしまうのは、正しい判断をしたい、答えを出したいと身につけてきたクセですが、だからといって自分自身のすべてをジャッジする必要はないでしょう。

そんなときは、〝もう一人の自分〟を登場させて、こう声をかけてください。

「そんなところもある」

「そんなときもある」

そもそも、「見た目がよくない」「年をとっている」「才能がない」「お金がない」などの性質を勝手に「ダメなこと」とジャッジしているのも、自分自身です。

そこには、「そんな自分がいる」という〝事実〟があるだけ。場合によっては、それが魅力や利点になることもあります。「良い」でも「悪い」でもなく、「それが自分」と認めると、「では、どうしましょうかね?」という発想にもなるのです。

まずは自分をジャッジすることが、猛毒になって自分自身を苦しめていることに気づいてください。人間そのものをジャッジすることは、だれにもできないのです。

悩みのほとんどは「ジャッジ(判断)する」ことからきている

04

The magic of "objectivity"

自己評価が低くても、「前向き」にはなれる

この本を書くにあたって、「私は、自分自身をどう評価しているのか?」と考えてみました。すると……

「案外、自己評価って低いかも」

と思えてきたのです。客観的に見ても人目をひく魅力的な人物というわけでもなく、作家として「どうして、こんなことができないのか?」と歯がゆくなることもあります。小説家やエッセイストのうつくしい文章を見ると、「なんとすばらしいのか」と打ちのめされそうになります。

そんな自分を支えてきたのは、〝もう一人の自分〟のこんな声でした。

「そんな自分でも、できることはある」

「そんな自分でも、できる方法はある」

魅力的な人物ではなくても、人に寄り添うことはできる。独創的な文章は書けなくても、わかりやすい文章を書くことはできる……というように。「自分にないもの」「自分ができないこと」を認めて、「自分にあるもの」「できること」で勝負していくしかないわけです。

「自己評価が低い」というのは、それだけ「期待値が高い」ということ。「ダメな自分で全くＯＫ」と思っていれば、苦しむこともなく、お気楽でいられるのですから。

自己評価が低い人は「自分に期待し続けている」という点で、自分が好きでたまらないのかもしれません。

「好き」の反対は、「嫌い」ではなく「無関心」。「自分が嫌い」という人も、自分にだれよりも関心がある人でしょう。「自分の弱点」ではなく、「自分の可能性」に目を向ければ、自分に対する見方がまるで変わってくると思うのです。

自分への期待や不満足は、〝伸びしろ〟にもなる

05

The magic of "objectivity"

「自分の感情」に目を向けると、自分を知ることができる

ここで、あなたにもうひとつ、考えてほしいことがあります。どんな人も「こんな自分っていいな」「好きだな」と感じたことは、あるでしょう。

それはどんなときでしょうか。

「なにかに夢中になっているとき」「思いっきり笑ったり、楽しんだりしているとき」「なにかを達成したとき」「まわりの愛を感じたとき」「自分の意外な長所に気づいたとき」「人にやさしくなれたとき」……。さまざまな「好き」がありますが、共通して言えるのは、「心地いい感情」を味わっていること。私たちの感情はいつも「どんな自分が好きで、どんな自分は嫌いなのか」、よくわかっているのです。

ところで、他人に対して「あの人は自分が好きだよね」と言うとき、多少の皮肉が混じっていることが多いものです。自分の話ばかりする。ナルシスト。自撮りが多い。自己

中心でワガママ、自分を過大評価や勘違いしている……というような人に対してです。

そのような人も「自分が好きな人」ではありますが、この本でいう「自分が好きな人」というのは、自分のことがちゃんと見えている人のことです。

「自分はどんな性質で、どんなことが好きなのか？」「どんな長所と短所があるのか？」「どんなことにエネルギーがわくのか？」……そんなことを知るカギは〝感情〟のなかにあります。自分に喜びや満足を与えられる選択をしていけばいいのです。

自分のことはいつも見ているようで、意外にわかっていないもの。自分の感情に蓋をして、まわりに合わせていたり、流されていたりすることが多いものです。

じつは、人生がうまくいくかどうかも、自分を知ることが重要になってきます。ほんとうの意味で自分が好きな人は、たとえるなら「いい服を着ている人」ではなく、「自分を活かす服を着ている人」。そんな人は、まわりからも素敵だと思われるのです。

ほんとうに自分が好きな人は、自分のことをよく知っている

06

The magic of "objectivity"

「なるほど。そう感じたんですね」と自分の気持ちに気づくだけでいい

自分のことが嫌、と感じるとき、大抵は〝感情〟に振り回されているものです。たとえば、迷惑な人にイライラして、嫌な言葉を吐いてしまうとき。失敗にクヨクヨして、夜も眠れないとき。やりたいことに怖気づいて一歩を踏み出せないとき……。

心のなかの〝恐れ〟が大きくなって、モンスター化してしまうからです。

そんなときは、自分にこう声をかけてください。

「なるほど。イライラしているんですね」

「クヨクヨしていますね」「緊張してます？」「焦ってますよ」と、〝心の状態〟を見て、そんな感情に気づくだけでいいのです。「イライラしてはいけない」などと咎めたり、感情に蓋をしたりする必要はありません。〝客観視〟するだけでいいのです。

そもそも私たちは、自分の身に起きたことを客観視するのが苦手です。

不思議なもので、客観的に「いま、心がざわついている」という〝心の反応〟に目を向けるだけで、主観的な〝恐れ〟からスルッと抜け出せて、頭でぐるぐると〝考えること〟をストップできるのです。

〝恐れ〟というのは、自分で子猫をモンスター化してしまう、いわば〝妄想〟の産物。同じことを体験しても、さほど気に留めない人、まったく気にならない人もいます。

私たちの悩ましい状況をつくり出しているのは、思い通りにならない〝現実〟ではなく、〝心の反応〟であることがわかると、少しだけ気がラクになりませんか。

それでもまだ、心のざわつきが収まらないときは、「これは妄想、妄想」と声をかけてあげましょう。すると、現実を直視して、「迷惑な人はスルーすればいいだけ」「失敗したら、それを糧につぎに進めばいいだけ」と対処の仕方も見えてきます。

感情に振り回されそうになったら、自分を他人扱いするくらいがちょうどいいのです。

「感情に振り回される」とは、〝理性〟が働かない状態のこと

07
The magic of "objectivity"

他人の土俵に上がらない

「SNSで幸せな人を見ると、もわっと嫌な気持ちになる」

「仕事のできる後輩を見ると、自分が情けなくなってくる」

「あの人に比べて私は……」という気持ちになったことのある人は多いでしょう。

そこには、「隣の芝生は青く見える」というように、他人のよいところは目に入りやすく、自分に目を向けると嫌なところが見えてくるという心理があります。

それほど他人の優れているものは、私たちにとって〝脅威〟なのかもしれません。

私たちは子どものころから「成績がよい、よくない」、働くようになったら「仕事ができる、できない」「お金がある、ない」「結婚している、していない」というように、なにかのポイントで、人と自分を比べながら生きていいます。

そんな比較による嫉妬や自己嫌悪から抜け出す道は、「他人の土俵に上がらない」に尽きます。他人の優れているもの、もっているものを見て、落ち込んだり、張り合ったりするのは、最初から相手ペースの「負ける戦いをしている」ということです。

もう一人の自分になって「あ、いま、比較している」と気づいたら、相手に対して、「すごいね」「さすがです」「素敵だな」

というように、あえて称賛してみるといいでしょう。すると、比較から解放されて、相手はちっとも自分を脅かす存在ではないことがわかります。人は人、自分は自分の土俵でそれぞれ精一杯、自分なりの闘いをしていることも理解できます。

人生そのものには、競い合いも、勝ち負けも存在しないのです。

自分の土俵で、自分らしいパフォーマンスをすればいいだけです。

せっかく比較するなら、比較に振り回されるのではなく、「あの人ができるなら私もできるかも」「自分も負けないようにがんばろう」と比較を利用していきましょう。

自分を好きになるには、自分を傷つける比較と競争から卒業する

08

The magic of "objectivity"

他人の「いい人」になりすぎない

他人の「いい人」であるためにがんばっている人は、少なくありません。

じつは、私もそうでした。職場では仕事を押しつけられて、一人だけ残業をしていたり、友人から誘われた行きたくないイベントに参加して、作り笑いをしていたり。上司の理不尽な要求には、なにも言えず無理しているうちに円形脱毛症になったほど。で、「いい人」であることにヘトヘトになって自爆……という道をたどるわけです。

まわりを見て実感することですが、真面目でやさしい人ほどこの罠にはまってストレスを抱えるようです。身近な家族やパートナーに対する「いい人」はなおさらです。

「認められたい」「好かれたい」「相手のためになりたい」というのは、人間の本質的な欲求。そんな欲求があってこそ、自分の居場所を築いたり、自分を成長させたりします。

しかし、他人の「いい人」だけでは、自分が苦しくなるのです。

自分というものが置いてきぼりで、人に対しても「私はこれだけやっているのに、あなたはどうして……」なんて、恨みがましいことを言うようになるんですね。

他人の期待だけのために動く人は、知らず知らずのうちに自分も他人に対して期待してしまう。そして、相手に期待するほど、自分で自分の首を絞めるわけです。

そんな罠から抜け出すひとつの方法が、「もう一人の自分」になって、〝自分の感じ方〟に目を向けてみることです。

「あ、いま、ちょっとしんどくなっているな」と思ったら、「ストップ！」の合図。

「そこまでがんばらなくてもいいよ」と声をかけてあげましょう。そもそも相手は「そこまで期待していない」「まったく期待していない」ということもあるのです。

他人の「いい人」であるまえに、まずは自分自身の「いい人」であることを忘れずにいてください。

自分の「いい人」になるために、自分の〝感情〟をチェックする

09

The magic of "objectivity"

「本当のところ、どうしたいの？」と、本心に耳を澄ませる

前項で、かつての私は他人の「いい人」になりすぎていたことを書きましたが、加えて、まわりに合わせることもクセになっていました。

就職をするときも「みんなが事務職で就職するから私も」、遊びも「みんなが行くから私も」、会議でも「みんながそう言うなら私も」……というように。着るもの、食べるもの、買うもの、観る映画、聴く音楽など、「まわりで流行っているから」「あの人がああ言ったから」と、自分でもあきれるほどまわりに合わせて、自分がなかったのです。

そんな私が仕事を辞めることになり、この先、どうすればいいのかと悩んでいたときに、ある人からこう言われたことがありました。

「答えが出るまで自分に問い続けてみて。『本当のところ、どうしたいの？』ってね」

そこで、「もう一人の自分」になって、毎晩寝る前に問い続けたところ、ある朝、思いが

けない「世界に旅立つ自分」の姿が浮かび、数か月後には実行していました。

以来、迷ったときはいつも「本当のところ、どうしたいの？」と問い続けています。

シンプルに自分の本心に耳を澄ませると、頭のごちゃごちゃした情報が一掃されて、心から喜べるものにたどり着くのです。

「本当にしたいこと」というのは、伸び伸びと自分らしくいられること。すぐに動きたくなるほどワクワクすること。多少の困難があっても乗り越えられることです。

あなたは、自分が本当に求めるものを一つひとつ、選択できていますか？

メニュー選びから服選び、買い物、新しい仕事、人間関係など日常の小さいことでも「自分の欲しいもの」を把握していくと、まわりに心地いいものが集まってきます。

人生の大きな選択肢で迷っているときは、「本当の自分」を知るチャンス。答えが出るまで問い続けてください。

幸せになるためには「自分を変える」のではなく、「自分に戻る」

10

The magic of "objectivity"

「しなければいけないこと」ではなく「したいこと」をする

幼い子どものように、興味のあることに夢中になり、やりたいことだけをやっていれば、「ダメな自分」と落ち込むこともないでしょう。が、大人は「やりたくなくても、やらなければいけないこと」が次々に押し寄せてくるものです。

そして「やるべきことに後ろ向きな自分」に低評価をしてしまうのも無理はありません。

この流れを断ち切るには、「しなければいけないこと」をなくしてしまうことです。

といっても、それはむずかしいことではありません。たとえば、「仕事に行きたくないけど、行かなければならない」と思うとき、自分に二択でこう問いかけてみるのです。

「行きたいの？　行きたくないの？　どっちでもいいよ」

仕事に行きたくはないけど、それを選んだら有給休暇が減る、仕事が遅れる、同僚にも迷惑がかかる、上司に嫌味を言われるなど〝不快〟なことも多いでしょう。

仕事に行くことは、少々面倒だけれど、それを選ぶほうがはるかに〝快適〟と思えてきます。「行きたいです」と答えを出すだけで、不思議と気持ちは前を向くのです。

ほかにも「節約しなければ」「毎日○○をせねば」「仕事を続けなければ」「家族の面倒を見なければ」「最後までやり通さねば」など、自分を縛っているものはありませんか？

そんなときは、「それをしたいの？　したくないの？」と、自分に尋ねてください。

あなたはなにをしてもいいのです。「絶対にしなければ」と思い込んでいたことも、放棄することはできるのです。どちらを選択しても、そちらのほうにより多くの〝快（喜び）〟があるということ。「自分はどうしたいのか？」をハッキリさせることが、しっかりと地に足をつけて、人生を快適に進んでいくコツなのです。

「したいの？　したくないの？」と尋ねていると、自分を縛っていたものは、自分の心で、だれに強制されたのでもなく、すべて自分で選んでいることに気づくはずです。

「自分がやりたいことをやっている」と意識すると強くなれる

11

The magic of "objectivity"

「一瞬の快楽」では、自分を好きになれない

「自分がやりたことをやる」というのは、自分が好きになるひとつの方法です。しかし、なんでもかんでも好き勝手にやるという意味ではありません。

昨日、近所の温泉で、社会的地位のある方が、のぞき目的で女装して女湯の更衣室に入り、逮捕されたというニュースが飛び込んできました。まさに「一瞬の快楽、一生の後悔」。のぞきの快楽に加えて、解放感や背徳感も快楽だったのかもしれません。

私たちの行動は、簡単にいうと、〝快（喜び）〟を求めるか、〝不快〟を避けるか。ですが、「一瞬の快楽」には、気をつける必要があります。

自分を好きになれない選択をしてしまう可能性が高いからです。

「衝動買い」というのも、それを買って生活をゆたかにする〝快感〟ではなく、「手に入れた」という〝一瞬の快感〟であることが多いもの。その証拠に、買うときは「安いから」

「もっておいて損はない」「きっと活用するはず」と買う理由を全力で考えますが、あまり使わずにしまっていることがあるでしょう。

「一瞬の快楽」は、満たされない心の穴を埋めるためのものが多いのです。お酒、ギャンブル、ゲーム、インターネットなど「楽しかった！」で終わるうちはよくても、依存性が高くなると、さまざまな支障が出てくるはずです。

「一瞬の快楽」の罠にはまらないためには、あとの〝感情〟を想像してみること。

自己嫌悪や後悔、不安など不快な感情が生まれそうなら「ストップ！」の合図です。

「やるべきことがあるのに、ほかのことをだらだらしてしまった」というのも、快楽のために、自分を見失っている状態。だからといって、自分を責める必要はありません。

「そうなってしまう」と認めれば、つぎの一手を打てるでしょう。目の前の小さな快楽より、人生の大きな満足をとるほうが、自分を好きになれるはずです。

心をまぎわらせても、快楽で埋め合わせることはできません

12

The magic of "objectivity"

心がざわついたら、ひとまず深呼吸

もう一人の自分になって自分を見る方法を書いてきましたが、ここからは具体的な対処方法をお伝えしていきましょう。自分に合った方法を見つけてください。

ひとつは、「心がざわついている」と感じたら、〝呼吸〟に意識を向けてみること。

焦ったり、緊張したりしたとき、無意識に「ふーーーーっ」と深呼吸する人もいるでしょう。怒りや不安、緊張など、心がなにかのストレスにとらわれているとき、体もこわばって、呼吸が浅くなっています。心臓がドキドキしたり、手が震えたり、胃が痛くなったりするかもしれません。

ひとまず深呼吸することで、体の「血・水・気」の流れの循環がよくなって正常な状態に近づき、心も少しずつ落ち着きを取り戻すのです。

深呼吸するときは、息を吸うことよりも、思いっきり長く吐くことに意識を向けてください。なかなか落ち着かないときは、1分でも3分でも〝瞑想〟のように目をつぶって、呼吸と体の感じ方に集中するといいでしょう。つい余計なことを考えてしまいますが、「いま、それは考えなくてもいい」と頭の中から追い出して、また呼吸に集中します。

しばらく深呼吸したあとは、いくらか心もラクになっているのを実感するはずです。

心が乱れるのは、なにかに反応する「心のクセ」です。怒りや悲しみなどのつらい感情は、心が〝過去〟に目が向き、とらわれているから。不安になるのは〝未来〟の心配事に目が向けられているから。つまり、「心、ここにあらず」なのです。

深呼吸で「いま、ここ」に引き戻すことで、本来の自分を取り戻すことができます。

そんな〝心のトレーニング〟をしていると、ストレスへの自信もついてきます。

幸せを感じるのも「いま」をしっかり味わっているとき。「いま、ここ」を意識して、過剰な反応から体も心も守っていきましょう。

「『いま、ここ』から離れていた」と客観的に気づくことが大事

13

The magic of "objectivity"

怒りで反応する前に、ちょっと考える

あなたはカッとなって自分が嫌になるような振る舞いをしたことはありませんか？

もちろん、私はあります。そのときは、まったく自分が見えていない状態。「そんなの、ありえないでしょう！」と怒り沸騰で毒づいたり、感情的な行動をとったり。あとで「なんて恥ずかしいことをしたのか」と、自分を責めたことも数知れず。

カーッとなる強い怒りも、イライラした持続的な怒りも、それに振り回されているときは、心と体に毒が回って支配されているようなもの。つい自分を見失ってしまうのです。

怒っても、すぐには反応しないことです。そこで、おすすめの方法のひとつは、「ありえない！」と思うことを「あるかもね」と変えてみること。

怒りというマイナスの感情は、相手に対する〝期待〟と〝現実〟が違っていて、それを受け入れられないときに起こるシステム。そこで、「もう一人の自分」を登場させて、現実を

「あるかもね」と受け入れると、だんだんと怒りは静まってきます。

「まぁ、そんなもの」と頭を切り替えて、冷静に対処することもできるのです。

もうひとつの方法は、怒りで反応しそうになったとき、

「怒って得するか？　損するか？」

と、あえて損得の二択にする方法です。

稀に、相手の言動を改めてもらうために、怒りを表して得することもありますが、ほとんどの場合、得られるものはなく、「怒っても損」と気づくはずです。

一瞬、怒ってすっきりしても、さらに憎しみがわいたり、自己嫌悪に陥ったり、反撃をくらったり、ゴタゴタが長引いたりして大抵は面倒なことになります。

だれかに怒りを感じている間は、相手が心のなかにいるということ。自分が苦しむだけです。「怒っても損」と自分に言い聞かせましょう。

自分を好きになるために「怒りのままに反応しない」

14

The magic of "objectivity"

安心できる人に、自分の気持ちを話してみる

仕事やプライベートの悩みを、だれかに話して「すっきりした」という人は多いでしょう。

自分のモヤモヤした気持ちを吐き出して「すっきり」ということもありますが、話しているうちに、自分を客観視して「○○が原因なんですよね」と分析したり、「まぁ、気にすることもないですね」と自己完結したりして、「すっきり」と心が軽くなるのです。

多くは「自分がなぜ悩んでいるのか？」に気づかず、モヤモヤしているものです。当然、どうしていいのかわからず、頭はごちゃごちゃ、心はモヤモヤとしたままです。

人に話すとき、「この状況をどう説明したら、わかってもらえるか」と考えながら話すので、頭のなかが整理されてきます。

〝言語化〟することで問題がハッキリすると、頭は自然と答えを出そうとするのです。

答えが出なくても、問題が把握できれば、恐れはなくなります。これは「もう一人の自分」が自分に起きている〝ドラマ〟の流れを把握して、解説するのと同じです。

また、一人で考えると、ぐるぐると同じ思考パターンに陥りがちです。が、人から「どうしてそう思ったの？」と質問されたり、「そんなとき、私はこうしてる」など意見を聞いたりするうちに、新しい気づきや、新しい解決方法を見つけたりします。

ただし、話す相手は「安心できる人」を選んだほうがいいでしょう。

「安心できる人」とは、自分を受け入れてくれる人のこと。飾ることもなく、隠すこともなく、心の内を聞いてもらえるのは、それだけでじゅうぶんな癒し効果があります。ありのままの自分をオープンにすることで、仲良くなれる効果もあります。

そのためには、自分も人の話をちゃんと聞くことが大事。相手を否定せずに、「それは辛いよね」と寄り添ってあげましょう。

話すことから、心の浄化作用が生まれる

15

The magic of "objectivity"

ときどき、心と体の状態をチェックする

「きっとがんばれるはず」「みんながやっているのだから、私もやらなきゃ」と自分を奮い立たせても、心と体がついていかないことがあるものです。

どうやら私たちは、外の情報には敏感になのに、自分の内側の情報には鈍感になっているようです。忙しさにかまけて、自分の体や心に目が向かず、いつの間にか病気になったり、イライラしやすくなったりする例はあとを絶ちません。

一日何度でも、心と体の状態をチェックして、違和感に気づく必要があるのです。なかでも心の〝感覚〟に心を研ぎ澄ましてみることをおすすめします。

「追い詰められているように、心がざわついている」

「やる気が出なくて、ネガティブ思考になっている」

そんな心の疲れを感じたら、なにもしないで休ませてあげる時間をつくりましょう。

体の疲れも同じ。ポジティブな人ほど、栄養ドリンクを飲んだり、健康法をあれこれ試したりしてしまいがちですが、しっかりと寝るのがいちばんの回復になります。

心も体もひどい疲れでなければ、休むことで元気になる力が備わっているのです。

感覚を研ぎ澄ますと、「熱いお茶を飲むと、シャキッとする」「公園の木々のなかを通ると、癒される」「お風呂に入ると、疲れがとれる」「発酵食品を食べると調子がいい」など自分を整えるためのツールが見つかりやすくなります。だれそれが言った健康法とかではなく、自分の感覚がいちばんの道標です。

かくいう私も、じつは体の声を聞かずに病気になった一人。仕事ばかりを優先したために、仕事がまったくできなくなったのです。それからは忙しくても週に1~2回は運動をするようにしています。体力がつくと、気力がわいて、頭が働きやすくなるのは、実感するところ。心と体は表裏一体で、健康はいちばんの財産だと思うのです。

心と体はいつも何かのメッセージを送っている

16

The magic of "objectivity"

「できないこと」を克服するより、「できること」を伸ばす

自分のことを好きになるためには、「理想の自分」になろうと努力をするより、「自分という素材」を生かすポイントを見つけることのほうが重要です。

料理でたとえるなら、レシピ本を見て材料を集めるのではなく、いまある材料でオリジナル料理を作るようなものです。

「英語が苦手だから」「社交性がないから」など弱点を克服しようと努力しても、能力のなさを思い知るはずです（稀に眠っていた能力が開花することもありますが）。足りない部分は認めて、得意なことを伸ばしたほうが、自信がもてるようになります。

自分という素材を生かすには、「やりたいこと」より「やれること（喜ばれること）」を見つけるといいでしょう。やりたいことをやっている人は幸せですが、喜んでくれる人がいなければ仕事や役割にはなりにくく、長続きもしないものです。

私がときどき行く田舎の集落には、「梅干しを作らせたら県内一」「草刈りはだれよりも速くてきれい」「薬草の知識が豊富」「大工仕事が得意」といった高齢者たちがいて、それぞれが一目置かれて、なにかあると「あの人に頼まなきゃ」となります。

そんな人たちは「みんなが喜んでくれるから」とますます腕に磨きをかけるのです。

職場でも、みんながやっていることを同じようにする人より、不得意なことがあっても「だれも真似できないこと」がある人のほうが重宝がられます。「パソコン操作はあの人に聞くしかない」「あの人の情報収集力は社内のＦＢＩ」「あの人がチームのまとめ役」というように。できることがなければ、明るく声をかけてムードメーカーになったり、話の聞き役になったり、だれもが面倒がってやらないことをやったりするといいでしょう。

そんな「喜ばれること」は、やり甲斐になり、自分の居場所にもなっていきます。

自分専任のプロデューサーになって、自分の役割を見つけていきましょう。

努力する前に、「努力し甲斐のあるポイント」を見つけることが大事

17

The magic of "objectivity"

「感じたこと」を素直に口にする

自分の意見が言えない、自己表現が苦手、という人は、性格的な問題もありますが、無意識の「人が怖い」という思い込みが大きいのではないでしょうか。

それが証拠に、普段は無口な人でも、立場が下の人や、匿名のＳＮＳなど安心できる場では言いたいことを言っていることもあります。安心できない相手に対しては、

「こんなこと言ったら、どう思われるのかな（怖い）」

「言っても、わかってもらえないだろう（怖い）」

そうして「別に言わなくてもいいか（安心）」というパターンをたどるのです。

これは多かれ少なかれ、だれにでもある心理ですが、自分の気持ちに蓋をしていると、自信がなくなったり、他人からも「自分のない人」として扱われたりします。

とはいえ、すぐに意見したり、自己表現ができるようになったりするわけではないので、

まずは「感じたこと」を素直に口にすることから始めるといいでしょう。

ぼんやりと感じていたことを、あえて言葉にして少しずつアウトプットするのです。

「これ、美味しい！」「こういうの、好きだなー」「なんだかワクワクしてきた」「すごく嬉しい」「気持ちいい」など、自分で自分を解説しているように。

「結構、疲れてます」「そういうの、苦手だな」「全然、大丈夫じゃないです」などネガティブなことも、素直に伝えてみるといいでしょう。

慣れてくると、まわりへの警戒心が薄れて、いい人に囲まれているように思えてきます。周囲にも「自分はこんな人」と理解されて、そう扱ってもらえるようになります。「そろそろ疲れてませんか？」「洋食より和食が好きでしたよね」「〇〇のファンでしたよね。いい動画を見つけました」と、気にかけてもらえるようになるのです。

「自分はいま、どう感じているのか」、自分を知る機会にもなるので、ぜひお試しを。

伝えなければ、相手にとっては「ないこと」と同じ

18

The magic of "objectivity"

大きな決断をするときほど、直感で選ぶ

家を建てた知り合いが、こう言っていたことがありました。

「家や家具といった高価なものを買うときなど、大きな決断をするときほど、直感で選んだほうがいい結果になると思う」

たしかに。なぜなら、直感は「その人の本質」を表しているからです。

たとえば、家電を買いに行って、ピンとくる商品があっても、店員さんに「こっちのほうが新商品で、機能が充実してますよ」と言われたり、ほかの商品が大幅にディスカウントされていたりすると、迷い始めます。

あれこれ迷った挙句、別のものを買うと、大抵はしっくりこない部分が気になるようになり、「やっぱり、最初にピンときたほうがよかったな」と後悔します。

直感で選んだものは、多少足りない点があっても、自分にとってのいちばん大事な点を

満たしているので大して気にならず、万が一よくない結果になっても、「好きで選んだから、しょうがない」とポジティブに解決しようとします。

「ピンときた」「ひらめいた」という直感は、感覚が研ぎ澄まされたときに感じるメッセージ。自分というものの本質（本来の性質）をよく理解していて、自分がなにを喜ぶかもわかっているのです。これまでにインプットされた経験だけでなく、自分の好みや感じ方などのビッグデータから「これがいい！」を瞬時に判断するわけです。

それなのに「専門家の言うほうが正しい」「私はすぐ判断ミスで失敗するから……」と〝正解〟を求めて、直感を否定していると、そのうち直感も働かなくなります。

しかし、正解か否かを決めるのは自分自身。直感を磨くには、普段から「いま、ワクワクしている」「心地いい」「これが好き」など〝喜びを感じている自分〟に意識を向けるといいでしょう。まわりの雑音で心の声がかき消されないようにしてください。

直感を信じることは、自分らしく生きることにつながる

第二章

言葉の魔法

言葉のチカラを利用する

The magic of “words”

19
The magic of "words"

使う言葉を変えれば、人生が変わる

「言霊《ことだま》」といわれるように、発した言葉は感情や考え方、行動、人間関係など、すべてのものに〝魔法〟のように作用する力があります。言葉は、私たちが思っているよりもずっと強いパワーで、自分を作り、現実を作り、未来を作るのです。

第一章では「もう一人の自分」になって自分を見つめる方法を書きましたが、第二章では「もう一人の自分」がかける具体的な言葉について、お伝えしたいと思います。

幼い子どもは、親から「どうしてあなたはできないの！」「ダメな子ね」などと言われていると、自分を「ダメな子」と思い込むようになります。「あなたはやればできる」と言われていると、「できる子」と思い込んで振る舞うようになります。

私たちはつねに自分自身に言葉をかけ続けています。一説によると、意識するしないにかかわらず、頭のなかでは一日6万回のおしゃべりをしていて、人にもよりますが、その

8割はネガティブなことだといいます。

自分にかける言葉で、もっとも大事なポイントは、自分を「信頼できる人」として扱うことです。「信頼する」とは、信頼に値する材料があるないにかかわらず、どんな自分であっても信じ続けるということ。私たちがやっていることは、自分をどの程度、信じるかで決まっているのです。

「まさか自分ができるワケがない」「どうせ自分は才能も魅力もない」と自分を信じられず、否定的な言葉を使っている人は、自然にそんな自分になります。

「自分には◯◯の力がある」「自分は世界で活躍する」「自分はお店をもつ」と自分を信じ、肯定的な言葉をかけている人は、そうなっていくでしょう。

自分を信頼する言葉は、無意識のなかに新しいソフトをインストールするように日々の行動も変えていきます。大げさではなく、人生もガラリと変えてしまうのです。

自分にかける言葉を変えるだけで、自分を好きになれる

20

The magic of "words"

「認知（とらえ方）」を変えるために、言葉を変える

あなたは「仕事でミスをした」というとき、自分にどんな言葉をかけていますか？

「最悪。なんてダメな私……」と自分を責める。

「みんなになんて思われるのか」とまわりの目を気にする。

「私だけのせいじゃない。あの人にも原因がある」と自分を擁護する。

「どうしよう。大変なことになるかも」と先のことを心配する……。

ネガティブなことが起きたら、ネガティブな反応になるのは当然。どんな言葉をかけてもいいのです。それも自分らしさであり、そうなる背景があるのでしょう。

言葉の魔法を使うポイントの二つ目は、「ネガティブになっている」と気づいたら、「そんなことではダメ」と否定するのではなく、「そうなのだ」と気づいて、いったんそれを認めること。受け入れると、これから自分を変化させていく準備が整います。

さて、ここからが本題。つぎにあなたは、どんな言葉を自分にかけていますか？

なかには、自分の内側に意識が向けられず、最初の言葉のままで自分をひたすら責め続けていたり、まわりの目を気にし続けていたりする人もいるかもしれません。

しかし、できるだけいい方向に進めようとするなら、つぎなるポジティブな言葉をもつことが大事です。これも正解はありません。「起きたことはしょうがない。謝れば済むことだ」でも、「余計なことは考えず、淡々と処理しよう」でも、「こんなときこそ、だれかに助けてもらおう」でも、なんでもいいでしょう。

「つねにポジティブでなければ」ではなく、「ここはポジティブにとらえよう」と意識するだけで、気分もパフォーマンス力も変わり、まわりの反応も変わってきます。

日々の生活には、いいことだけでなく、そうでないことも容赦なく起こります。ものごとはただそれが起きただけ。それをどうとらえるかは自分で決めていいのです。

「なにが起きたか？」ではなく、「それをどうとらえるか？」

21

The magic of "words"

ネガティブな言葉をポジティブな言葉に変換する

先日、スポーツジムで体脂肪を測ったら、1か月で1キロ減。「結構がんばったのに、1キロしか減ってないんですね」と意気消沈していたところ、トレーナーさんに「1キロも減るってすごいことですよ。体脂肪はなかなか減らないですから」と返されました。「1キロも～」と言われると、嬉しくなり、「今日もがんばろう」と明るい気持ちで取り組めるものです。

締切も「あと3日しかない」を「あと3日もある」と考え直すと、気分が違います。ものごとは肯定的にとらえたほうが、単純に気分がいいもの。意識はひとつの方向にしか目を向けられないので、肯定すると、否定する気持ちは打ち消されるのです。状況は選べなくても、言葉を選ぶことはだれでもできるでしょう。同じことでも、表現によって見方が変わります。

「自分は優柔不断」⇩「自分は慎重」、「あの人は頑固」⇩「あの人は意志が強い」、「冷たい人間関係」⇩「気を遣わない人間関係」、「つまらない仕事」⇩「淡々とできる仕事」、「忙しいスケジュール」⇩「充実したスケジュール」というように。

「ない」を「ある」に換えること、ポジティブな表現にすることで、気分や行動が変わるはず。「この状況をポジティブに表現すると……」と考えるクセをつけましょう。

自分に対しても「そんな考えじゃダメでしょう！」と責めるのではなく、「ちょっと考え方を変えるだけで、いい方向にいくよ」と肯定してあげましょう。

本来、人間は明るい方向を見るのが好きなのに、少しばかりネガティブな部分が見えると、それにとらわれて怖がり過ぎてしまう傾向があります。

「ポジティブすぎるかな」と思うくらいが、ちょうどいいのです。

あなたの心をネガティブな思い込みで曇らせないようにしてください。

どんな自分でも肯定することは、〝愛〟であり、〝希望〟

22

The magic of "words"

むずかしそうなことを「カンタン、カンタン」と言ってみる

言葉のチカラを利用する大前提は、「人間には認知を変える力がある」ということです。認知とは「そうである」と認めて解釈すること。

たとえば、私がなにかしなければいけないことがあって気が重くなっているときによく使っているのは、「カンタン、カンタン」という言葉です。

すると、「だよね。前もやれたし」「10分もあれば終わるし」「ちゃちゃっとやってしまおう」という言葉が出てきて、気持ちが前を向きます。

人間は「認知する」と、その「理由」と「方法」を全力で考えるのです。

反対に、「大変だ」「むずかしそう」と認知すると、「ほんと。私はこういうのが苦手だし」「結構、面倒そうだし」と、できない「理由」をあれこれ集めてしまうのです。

どんな言葉を使って、どう認知するのも自由。ならば、ネガティブな気持ちになったと

きは、ゲーム感覚で、逆の言葉をかけてみませんか？

これは、人間関係でも使えます。だれかが自分にきつく当たるとき、「あの人は私のことが嫌いなのだ」と思うかもしれません。

あえて「嫌いじゃないかも」と逆の言葉にすると、「私だけじゃなく、ほかの人にもきつい」「そういう性格だよね」「放っておけばいいか」と思えてきます。

つまり、自分を苦しめる〝妄想〟を疑って、「健全な妄想」を作るのです。

事実と違うウソの認識をするということではありません。どちらにしても〝妄想〟なのですから、事実はよくわからない。新しい認知を取り入れることで、心の毒を追い出してラクになり、伸び伸びと振る舞えるようになるのです。

「ダメだ⇩大丈夫」「できない⇩できる」「つまらない⇩楽しい」「嫌い⇩好き」など、ものごとを肯定する習慣ほど、幸せな習慣はないでしょう。

「ゴミ箱」と思えばゴミが集まり、「宝箱」と思えば宝物が集まる

23

The magic of "words"

「これはこれでいい」とあえてグレーのままにする

私たちは「これは正しい、間違っている」「良い、悪い」と白黒つけたがる性質があるようです。自分の価値観のなかで、受け入れられないことがあると、「間違っている・悪い」とジャッジしてしまうのです。

ため口で接してくる若者に「年上に敬語を使うのは常識でしょう！」とイライラしても、〝常識〟という認識ほど頼りないものはありません。時代と場所が変われば、常識も変わる。自分がその時代や環境で育てば、そうなる可能性は大いにあります。

私たちは仕事や生活のあらゆる場面で、「そんなのおかしいでしょ」「ダメでしょ」と否定していることが多いものです。自分の価値観をもつのは結構。ですが、それを他人に当てはめようとすると、〝決めつけ〟や〝押しつけ〟になります。

いいえ、じつは自分自身も自分の作った価値観に縛られているのかもしれません。

そんなときに、使ってもらいたいのが、

「これはこれでいい」

という言葉です。白でも黒でもなく〝グレー〟で「これもあり」と認めると、ストレスが激減して、「では、どうしましょうかね？」と柔軟な発想になります。

とくに「他人」と「過去」の事実は変えようがないので、「良い・悪い」とあえてジャッジをせず、「これはこれでいい」と受け入れるのです。

たとえば誰かがキツい態度をとったとき、「ひどい人だ」と決めつけるのではなく、「これはこれでいい」「しょうがない」とすると、「そうなる事情があるんだろう」「人間、そういう部分もあるから」とニュートラルなまなざしで見られるようになります。

自分の価値観はしっかりともちつつ、相手の価値観や言動を尊重するのが、やわらかい大人の思考であり、器だと思うのです。

「人間、そんなもの」と思えば、過度な期待や思い込みを修正できる

24

The magic of "words"

「たぶん、こうなる」とすばらしい未来を予言する

私が〝言葉の魔法〟を強く実感したのは、十数年前、デビュー作を書いたとき。それまでは「私なんか……」と自分をダメな人扱いしていたのに、このときばかりは「この本はベストセラーになる」となんの根拠もなく、自分に言い続けていました。

いま考えても身のほどしらずの夢ですが、言葉がインストールされると、潜在意識は本気で実現させようとするもの。不思議な力によって、その本はベストセラーと呼ばれるようになったのです。「一生に一冊の本が出せればいい」「一回増刷されればじゅうぶん」という言葉を自分にかけていたら、結果は違っていたでしょう。

未来を信じるとは、自分を信じること。「そんなにうまくいかない」「私ができるはずがない」と未来を信じない言葉は、「いまの自分」を縮こまらせてしまいます。

だから、私は不安がよぎると、「信じる？　信じない？」と自分に問いかけて、いつも

「信じる」ほうを選んできました。

人間、可能性がゼロのことは、考えないもの。怖がらなければ、それを実現する力はあるはずですから。

思った以上の結果が生まれることもあれば、自分の手に負えないこともあります。

しかし、大事なのは、結果がどうのというより、「最高のいま」を生み出すことです。

未来は「いま」の積み重ねで、できていくもの。私たちは、つねに「自分になにができるのか？」「どこまでできるのか？」という実験をしながら生きていて、それは「信じること」で引き出されてくるのです。

信じた者勝ち。うまくいかなくても大したことにはなりません。

大きな夢や目標だけでなく「今日はいい日になる」「この問題はきっと解決する」「最後はなんとかなる」など、明るい未来を言葉にしていきましょう。

未来を恐れず、過去に執着せず、いまを生きるしかない

25

The magic of "words"

「もしかしたら、できるかも」で少しずつ可能性を上げる

「できると思ったら、できる。できないと思ったら、できない」と、だれもが一度は言われたことがあるでしょう。

それはそうなのですが、「自分はできるのだ」「きっとうまくいく」と言葉をかけても、気持ちがついていかないことがあります。それは、ネガティブな思いを払拭できず、心の準備ができていない状態なのでしょう。

そんなときにおすすめしたいのは、小さな可能性から徐々に高めていく声かけです。

「自分にはできない」「自分には無理」と思ったら、

「可能性がゼロってことはないよね？」と、声をかけるのです。

「絶対、無理ってことはない」「もしかしたら、自分にもできるかも」「できる方法があるかも」「自分がやってもいいんだよね」……と、揺さぶりをかけていると、「不可能」とあき

らめかけていたことも、「自分にも起こることかも」と思えてきます。動きながら可能性を探っているうちに、視界がパーッと開けてきて、「そうなっても、おかしくはない」と確信になるときがあります。

私は、言葉の〝魔法〟を使うようになった当初はとくに、この方法を使っていました。なぜなら、それまで実行できなかったこと、叶えられなかったことが多くて、「まさか自分にできるわけない」と、自分への猜疑心が強かったからです。しかし、奇跡のような大それた夢も「可能性はゼロではない」と考えると前に進めるのです。

「できない」と自分に言っているうちは、できる力が表面にまったく出てこなくて、実際に「できない状態」になっているもの。「もしかしたら、できるかも」と思った瞬間、できる力が表面に出てきて、「できる状態」に近づくのです。奇跡のような出来事も、そんな準備ができたときに自然にやってくるのかもしれません。

自分をまったく信じないのと1%でも信じるのは、天と地ほどの差

26

The magic of "words"

未来の自分を考えるときに気をつけること

言葉は〝予言化〟するように、現実を近づけていくチカラがありますが、ひとつ、気をつけてほしいことがあります。

「太らないようにしよう」と思っているのに、つい食べ過ぎて太ってしまう。

「緊張してはいけない」とどれだけ自分に言い聞かせても、ますます緊張する。

そんなことはないでしょうか？　「脳は〝否定形〟を理解できない」とも言われます。いくら「～しない」と言っても、最初に「～する状態」をイメージしているので、それが強烈にインプットされて、つい実現してしまうのです。

子どもにコップの水を「こぼさないようにね」と言っていると、ついこぼしてしまうのと同じ。「これ以上、先は読まないで」「絶対に買わないでください」と書かれたキャッチコピーの記事や商品につい乗せられるのも同じ心理です。

「太らないようにしよう」⇩「カッコいい体型になろう」、「緊張してはいけない」⇩気楽に終わらせよう」と、肯定形で望む未来を表現しましょう。

ときに「〜しないと大変なことになる」という恐怖が大きな原動力になりますが、それはここぞというときにとっておいて、ほとんどのことは、明るい未来を描いた表現するほうが、心が軽くなるはずです。

「失敗してはいけない」⇩「うまくいったら○○できる」、「無駄使いしてはいけない」⇩「お金は大事なことに使おう」、「人に迷惑をかけてはいけない」⇩「人の役に立とう」と、〝セルフイメージ〟も上書きされて、それが実現しやすくなります。

人に対しても「〜しないで」「〜しないと困る」という否定形より、「〜してほしい」「〜してくれると嬉しい」という肯定形のほうが、すんなり受け入れてもらえるもの。

否定形の「恐れる未来」を、肯定形の「明るい未来」に変換していきましょう。

「明るい未来」は、それを信じた人に与えられるもの

27

The magic of "words"

自分に問いかけるべきは「どうして?」でなく「どうすれば?」

うまくいかないとき、ついつい自分に問いかけがちな言葉があります。

それは「どうして?」という言葉。「どうして、あの人はあんなことを言うの?」「どうして、私だけできないの?」「どうして、こんなひどい状態になったの?」と。

「どうして?」というときのほとんどは、怒りや悲しみなどネガティブな感情が伴っています。期待と現実の違いに「納得がいかない」のでしょう。

不思議なことに、人はこの「どうして?」の質問が大好きで、頭のなかでぐるぐると考え、いくらでも答えを見つけ出しては、自分自身を傷つけています。

理由だけを考えても、〝答え合わせ〟もできず、あまり意味はありません。

このネガティブな思考回路から抜け出す方法は、「どうして?」ではなく、「どうしたら?」に換えて問いかけることです。「どうして?」と問うときは過去、「どうしたら?」と問うときは未来にフォーカスされていますから。

「どうしたら?」の質問をするには、「望む未来」をハッキリ設定することが大事。

たとえば、「どうして、残業が多いのか」と考えるのではなく、「毎日、定時に帰る」という未来を設定して、「どうしたら、定時に帰れるのか?」と考えるのです。

潜在意識は、具体的な質問には、かならず具体的な答えを出そうとするものです。

自分自身に対しても、「どうして、できないのか?」ではなく、「どうすればできる?」と、その方法を考えて進めばいいだけです。「どうすれば?」と考えたときに初めて、過去の事実も、未来を考える材料として意味をもちます。

「過去のあの方法はうまくいかないから、つぎは別な方法で」「この方法なら経験上うまくいきそう」と可能性を見つけていけるのです。「どうしたら?」と現実的に考えることで、心も明るく穏やかになったら、言葉の魔法が効いているということです。

できない「理由」ではなく、できる「方法」を考え続ける

28

The magic of "words"

「〜してもいい」と自分に許可を出す

新型コロナウイルスの自粛期間中、それを守れずに出歩き、感染を広めた人には、あちこちから「許せない」と非難が起こったものです。

多くの人は、テレビやネットを見ていても「あの人のあのひと言は許せない」「あの態度や行動は許せない」ということがあるでしょう。身近にいる人に対しても「身勝手すぎる」「人の気持ちを考えない」「人をだます、ごまかす」「裏表がある」など、怒りや悲しみ、憎しみが収まらず、「許せない」と思うこともあるかもしれません。

そして、「許さなきゃと思うけど、許せない自分がイヤ」「人を許せないなんて、自分は心が狭いなぁ」と、自分を責めていたら、二重の苦しみです。

人間というもの、「私はちゃんとやっているのに」と、自分に禁止していることを、他人がやるのは許せないのです。自分に被害があるなら、なおさら許せないでしょう。

そんな自分にかける言葉は「いまは、許さなくてもいい」です。

まずは、相手よりも、「許せない自分」のことを許してあげましょう。

そして、いまの自分に対して「相手を怒ってもいい」「相手を嫌いでもいい」「相手と同じことをやってもいい」「我慢しなくていい」「悪口を言ってもいい」「失敗してもいい」「ダメな自分でもいい」と、ありとあらゆる許可を出しましょう。

「どんな自分でも、どんなことをしてもOK」にすると、自分に対して「～するべき」「～しなくては」と、たくさんのことを要求していたことに気づきます。自分を「～してもいい」と許すクセができると、いずれ人も許せるようになります。

他人を許せないのも、自分を許せないのも、結局、自分が苦しむことですから。

「ラクになってもいい」「自由に生きてもいい」「愛されてもいい」「自分を好きになってもいい」と、喜びを感じることにもどんどん許可を出していきましょう。

ダメな自分を許せたとき、人は自分を好きになれる

29

The magic of "words"

自分で自分を褒める習慣をつける

自分自身に対してどんな言葉を使っているか、一日、観察してみるといいでしょう。うまくいかないといちいち叱り、うまくいってあたりまえになっていませんか？

そこで、おすすめしたいのは、「自分で自分を褒める」という習慣です。

自分を褒めていると、おどろくほど自分に対する〝好き度〟が変わってきます。だれにも認めてもらえなくても「よくやっているじゃないか」「いいところがあるじゃないか」と、自分の良さが見えてきて、励まされたり、救われたりするのです。

自分への褒め方は、基本的に他人を褒めるのと同じですが、他人の反応を気にすることはないので、いつでもどこでも、どんな気分でも、自由に褒められます。

【効果的な自分褒め】にするために、つぎのポイントを意識するといいでしょう。

1　なにか行動を起こしたとき、終わったときに褒める

朝、「よく起きた！　えら

い！」、職場に着いて「ちゃんと間に合った。よくやった」、ひとつの仕事が終わって「無事、完了。よしよし」とあたりまえになっていることも褒めましょう。

2 結果が出たことだけでなく、プロセスや努力を褒める

「○○の点はよかった」「学びになった」「やろうとしただけでもすばらしい」「よくやったと思う」「つぎは○○に気をつければ大丈夫」など、プラスの側面にフォーカスして。

3 長所はもちろん、人が気づかない点や弱点も褒める

「陰ながらよくやっているよ」「一日一善で徳を積みましたね」「そういう考え方はいいよね」「ダメな部分もひとつの魅力！」「○○の性格も裏からみると長所」と、とことん自分の味方で。

私は〝自分褒め〟の習慣をもってから、自分を嫌いになる行動をとること自体が、少なくなりました。褒められていると、それにふさわしい行動をとろうとするものです。

〝自分褒め〟には、自分の良さや能力を引き出してくれる魔法の力があるのです。

自分を褒めていると、人の長所にも目がいきやすくなる

30

The magic of "words"

変えられないことは「ま、いっか」

「上司から叱られて落ち込む」「LINEの返信がなくてイライラする」「自分のひと言で相手を傷つけて激しく後悔」など、だれかのことを頭のなかでぐるぐると考えて、ほかのことが手につかなくなったり、自信をなくしてしまったりすることがあります。

そこで「小さなことでクヨクヨ悩むな」「そんなことでイライラするなんて自分は弱い」と自分を叱ったり、責めたりするのは、自分をいじめているようなものです。

悩むこと自体は問題ではありません。悩むことで考え方や行動を変えたり、よりよい方向に進むための方法が見つかったり、成長したりできるのです。

ただし、〝悩み上手〟と〝悩み下手〟には、二つの違いがあります。

一つ目は、「自分は悩んでいる」と気づくこと。簡単なようですが、自覚なしに悶々と考えていて、「ネガティブな思い込み（妄想）」に陥っていることが多いもの。

「悩むこともある」「悩んでもいい」と受け入れたうえで、「もう少しラクに考えよう」「建設的な考え方をしよう」と自分を助けるのが〝悩み上手〟のコツです。

二つ目は、「考えなくてもいい問題」「考えるべき問題」を仕分けすることです。

「考えなくてもいい問題」とは〝他人〟と〝過去〟のこと。「あの人はどう思っているのか」「自分はどうしてあんなことをしたのか」と、どれだけ考えても、変えようがないので「ま、いっかー」「そこは考えなくてもいい」と自分に声をかけましょう。

「考えるべき問題」とは、〝自分〟と〝未来〟のこと。「自分はどう行動すればいいか」「どんな未来に満足するのか」など、いくらでも変えていけるので、大いに悩みましょう。ただし、やみくもに不安がるのは「考えなくてもいい問題」です。

「ま、いっか」と無駄に悩まなくなると、不安や怒りが減り、自分を信頼する力が自然に高まります。さまざまな場面で「きっと大丈夫」「なんとかなる」と思えてくるのです。

ネガティブな思いにストップをかけて、自己肯定感を高める

31

The magic of "words"

思いがけないことに「ちょうどよかった」とつぶやく

見、ネガティブなことが起こったとき、「ちょうどよかった！」と魔法の言葉をつぶやくと、瞬時に都合のいいものに変わることがあります。

たとえば「待ち合わせに遅れる」と連絡が入ったとき、「ちょうどよかった。こっちもやりたいことがあったので」と返すと、時間が有効に使えると思えてきます。

自分のストレスが減るだけでなく、相手の気持ちを軽くできますし。

コロナ禍の自粛期間中、国内外の人とリモート会議をしたところ、「感染した人や医療関係者は本当に辛いことだけど、自分自身はちょうどよかったと思うところもある」と言った人に、多くが賛同。その理由をそれぞれが語り始めました。

収入も減ったし、窮屈な思いもしているが、「在宅勤務ができるようになった」「出費が減った」「家族との時間が増えた」などメリットもたくさんあると。

「ちょうどよかった」とつぶやくと、頭はすぐさま「なにがよかったのか?」と理由を探し始めます。すると、事実の裏に隠れた〝ギフト〟が浮かび上がってくるのです。

「ちょうどよかった」は、単に「ポジティブにとらえよう!」と頭をお花畑にすることではなく、表面的な事実にさまざまな側面が隠れていることに気づかせてくれます。

「いま、ここ」で起きていることも、人生で起きる出来事も、ネガでもポジでもなく、つねに「ちょうどいい」で、過不足なく、起こるべくして起こっていることです。

調子に乗って痛い目に遭うこともあるし、苦しい状況が糧になることもあります。

私たちは、起こる出来事に一喜一憂しがちですが、簡単には不幸にならず、誇りをもって、できるだけ平常心で進もうとすることに意味があるのでしょう。

そんな健全な心を取り戻してくれるのが「ちょうどよかった」。一見、いいことにも、そうでないことにも使うと「人生、捨てたものではない」と思えてくるはずです。

「ちょうどいい」と受け入れると、焦りや不安から解放される

32

The magic of "words"

自分自身に「ありがとう」と感謝する

自分を好きになる魔法の言葉のなかでも、いちばん効果があると感じるのは「ありがとう」という言葉です。

「ありがとう」は、有り難きこと。だれかに「ありがとう」と言うと、「あなたの存在や、あなたがしてくれたことは、あたりまえのことではなく、かけがえのない貴重なこと」と認めていることになります。

言った本人も、言われた相手も、あたたかい気持ちになるでしょう。

しかし、人には「ありがとう」と言っても、自分自身に対しては、感謝もなく過ごしているもの。感謝どころか、不満なことにばかり目が向いているかもしれません。

ほんとうは、自分が「いま、ここ」に存在していることこそ、尊い奇跡だというのに。

まずは、小さなことに「ありがとう」とつぶやく習慣をもつといいでしょう。

食事をするとき、眠りにつくとき、なにかを買うとき、きれいな花を見たとき、ふとしたときに「ありがとう」と言っていると、多くの恵みに気づくようになります。

迷惑な人や、辛い出来事にも「ありがとう」と感謝すると、心穏やかになり、学びや成長もあると気づきます。感謝と不満は、同時に感じることはできないのです。

身のまわりの小さなことに感謝することは、自分自身に感謝することでもあります。

食べられること、眠れること、なにかを買えること、うつくしいと感じられること……それらは、状況が整わなければ得られるものではなく、永遠ではありません。

「いまの自分」という存在も、長きにわたる祖先やそれに関わっていた人、これまでの自分を支えてくれた人など、途方もなく多くの人のおかげで成り立っています。

そんな自分に感謝できれば、自分への不満は吹き飛んでいきます。

感謝することは自分を大切にし、生きるエネルギーを取り戻すことでもあるのです。

感謝の習慣ほど、幸せになる習慣はない

33

The magic of "words"

なりたい自分になるために〝口グセ〟を利用する

ほとんどの人は、普段、口にしている〝口グセ〟があるものです。口グセは、思考のクセになります。口グセをいちばん聞いているのは、自分自身。「面倒くさい」「どうせ」「でも」「ていうか」「すいません」「疲れた」「ムリ」など、なんとなく使っているネガティブな口グセは、ネガティブな思考になり、定着していきます。

「忙しい」と口にしている人は、せかせかとして余裕のない印象があるもの。脳が「私は忙しい状態なのだ」と勘違いをして設定し、自分で自分を追い込んでしまうのです。

性格や考え方が口グセを作るのではなく、口グセが性格や考え方を作るのです。

「絶対」という口グセ⇩思い込みが強く感情的になる、「たぶん」⇩周囲を気にして自信がなくなる、「〜しなければ」⇩自分に厳しくなるなど、感情にも大きく影響するので、口グセになっている言葉は、よくよく気をつけたほうがいいでしょう。

逆に考えると、「こうありたい」という口グセを使っていると、そんな人になることも可能ということです。「ワクワクする」「面白い！」「楽しい！」「素敵」「ラッキー」といった口グセの人は、そんなことに意識が向くようになります。

仕事などで「なにかできることはありませんか？」という口グセの人がいますが、つねにだれかのためになることを探しているので、愛され、応援されるでしょう。

ここを乗り切りたいときは「大丈夫。なんとかなる」「淡々とやろう」「やるだけやればいい」と自分に合った口グセをもつといいでしょう。口グセとは、体のツボ押しのようなもので、「それ、効く〜」という言葉が、人それぞれにあるのです。

私は「こんな自分でありたい」と口グセキャンペーンをすることがあります。「さらりと」「すがすがしく」「気楽に」などイメージ的な言葉ですが、そうでないから、そうありたいと思うのでしょう。口グセは自分を進化させるために有効だと実感するのです。

自分が発した言葉は、自分にオーダーしているように返ってくる

34

The magic of "words"

「あなたはやさしい人ですね」と相手に魔法をかける

言葉は自分自身にだけ、魔法をかけるものではありません。まわりの人にも魔法をかけてしまうパワーがあります。

たとえば、冷たいと感じる相手に対して、「冷たいですね」と言っていると、ますます冷たくなるでしょう。ふとした拍子に「〇〇さんはやさしい人ですね」と言ってみると、やさしくしてくれることが増えてきます。

人は良くも悪くも、相手の言葉の期待に応えようとするのです。「あなたには癒やされます」「元気が出ます」「楽しくなります」「学びになります」「デキる人がいて助かる」など、思ったことはもちろん、心にもないことを言ってもいいのです。

「心にもないこと」というと、いい加減で、自分にウソをついているようですが、ふと言葉に出した途端、そんな気持ちが芽生えることがあります。

注意されて「そんな言い方しなくてもいいのに」と腹が立ったときも、そんな自分の気持ちを認めつつ、あえて「言いにくいことを言ってくれて、ありがとうございます」と言うと、相手が案外、いい人のように思えてきます。

なにより「自分のコトバに相手が喜んでくれた」という事実は、自分の気持ちに変化をもたらします。思ってもみない言葉が、本心になっていくこともあるのです。

相手を肯定的に表現するのは、相手のためというより、自分のため。まわりに「嫌な人がいる」ではなく「いい人がいる」と思ったほうが、ストレスは軽減されて、自分を好きになれるでしょう。相手の態度も変わってくるので、一石二鳥です。

相手のいいところにフォーカスした言葉をどんどん口に出していきましょう。

褒める言葉、感謝する言葉、労う言葉、認める言葉……いくらでもあります。

気がつくと、あなたのまわりに応援してくれる人が集まっているはずです。

相手にかける言葉はすべて人間関係をつくっていく

第三章

環境の魔法

元気になれる環境を整える

The magic of “environment”

35

The magic of "environment"

がんばるより、時間、場所、人間関係の環境整備をする

「やる気が出ない」「継続力がない」「集中できない」「悪習慣がやめられない」などの状況に陥ったとき、自分の〝意志〟に問題があると責めていませんか？

「もっと意志を強くもたねば」「もっとがんばらなきゃ」と、自分を奮い立たせている人もいるでしょう。

しかし、意志の力だけに頼りすぎると、自分のことが頼りなく思えてきます。

「人間は弱いところもある」を前提に、〝環境〟を整えていく必要があるのです。

といっても、住む場所や職場を変えるといった大きなことだけではありません。

行く場所やつき合う人、手にするもの、見るもの、聞くもの……人はよくも悪くも「なにに出会うか？」によってさまざまな影響を受け、考え方や行動を決めています。

たとえば、料理が苦手だった人が、料理好きな友人をもったり、自分で料理せざるを得

ない状況になったりすることで、その楽しさに目覚めて上達することがあります。

また、ある人は、仕事への意欲が薄れて、やめたいとまで考えていたのに、週末に山登りをするようになってから仕事のモチベーションも高まったとか。

私は寝室に体重計を置いただけで、体重をキープできるようになりました。

毎日、起きてすぐに測定できるので、増減の小さな〝システムエラー〟が確認できて、自然に食事を抑えたり、ちょこちょこ運動したりするようになったのです。

つまり、環境に変化を加えることで、自分を作っていけるということ。「自然にそうなってしまう」「そうせざるを得ない」という環境を自分に与えることで、意志の力だけに頼らなくても、前に進む力になるというわけです。

この章では、環境を整える魔法によって、自分を好きになる方法をお伝えします。

意志の力で環境を変え、環境の力で人生を変える

36

The magic of "environment"

「不要」「不適」「不快」のモノはすぐに捨てる

自分を好きになる環境整備のために、だれにでもカンタンにできることは、「要らないモノ」「好きではないモノ」を処分することです。

モノを処分することには、「探す時間が減る」「無駄な買い物をしなくなる」「空間が広くなる」などさまざまな効果がありますが、いちばんは「自分にとって、必要・不必要がわかるようになる」ということではないでしょうか。

捨てられない人は、「これは使えるか」とモノを中心に考えているもの。「いつか使うかも」「もったいない」と執着があるため、モノに振り回されてしまう。そんな人は、モノに埋もれた部屋で集中できなかったり、年齢や時代に合わなくなった服を着ていたり、残り物の料理をつい食べ過ぎてしまったりすることもあるでしょう。

捨てられる人は、「いまの自分は使うかどうか」と自分軸で考えているので、「要らない」と思ったら、その都度、サクッと捨てることができるのです。

捨てる習慣は、「自分軸」で取捨選択する習慣です。モノだけでなく、ムダにイライラする感情、他人から押し付けられる価値観、ごちゃごちゃした情報、行きたくないイベントなど「それは要らない」と手放せるようになります。

自分を主人公にして、それにふさわしいモノを選ぶようになります。

つぎの**【3つの捨てるもの】**を基準にすると、捨てやすくなるでしょう。

「不要」なモノ：使っていない、複数あるなど、なくても困らないモノ
「不適」なモノ：色、サイズ、デザイン、価値観など、いまの自分に合わないモノ
「不快」なモノ：使い心地がよくない、しっくりこないなど、心地よくないモノ

要らないモノは手放す習慣をもつと、暮らしの満足度が上がります。

モノ、時間、人間関係など、本当に大切なものを大切にする習慣ができるからです。

「自分が求めているもの」がわからないと心に葛藤が生まれる

37

The magic of "environment"

身のまわりに「気分をよくするもの」を置く

レストランなどのトイレに、名言が綴られたカレンダーが貼ってあったり、一輪挿しが置かれていたりして、ほっこりすることがあります。

家の玄関などに、正月飾りやひな祭り、節分などのしつらえがしてあることがあります。客人をもてなすだけでなく、飾っている本人もゆたかな気分になるでしょう。

大げさなものではなくても、落ち着くもの、クスッと笑えるもの、気分を上げるものなど、身のまわりに「気分をよくするもの」を集めることは、「自分を応援してくれるもの」を集めることでもあります。

好きな風景のポスター、家族の写真、目標を記す張り紙、お気に入りのキャラクターグッズ、元気になる音楽、癒やされるアロマ、生命力を感じる苔玉、触って気持ちのいいものなど、ほんの少しでも気分がよくなるものであれば、なんでもいいでしょう。

郵便はがき

料金受取人払郵便

麹町局承認

1763

差出有効期間
2022年1月31日
まで

切手はいりません

102-8790

209

(受取人)
東京都千代田区
九段南 1-6-17

毎日新聞出版

営業本部　営業部行

ふりがな	
お名前	
郵便番号	
ご住所	
電話番号	(　　　　)
メールアドレス	

ご購入いただきありがとうございます。

必要事項をご記入のうえ、ご投函ください。皆様からお預かりした個人情報は、小社の今後の出版活動の参考にさせていただきます。それ以外の目的で利用することはありません。

毎日新聞出版　愛読者カード

本書のタイトル「　　　　　　　　　　　　　　　　　　」

●この本を何でお知りになりましたか。

1. 書店店頭で　　　　2. ネット書店で

3. 広告を見て（新聞／雑誌名　　　　　　　　　　）

4. 書評を見て（新聞／雑誌名　　　　　　　　　　）

5. 人にすすめられて　　6. テレビ／ラジオで（　　　　　　）

7. その他（　　　　　　　　　　　　　　　　　　）

●どこでご購入されましたか。

●ご感想・ご意見など。

上記のご感想・ご意見を宣伝に使わせてくださいますか？

1. 可　　　　2. 不可　　　　3. 匿名なら可

職業	性別 男　　女	年齢 歳	ご協力、ありがとうございました

これは、単に気分をよくするだけではない効果があります。まわりの環境に流されて気分が変わるのではなく、積極的に自分で環境を作ったり、それに目を向けたりすることで気分を変えようとする「幸せになる考え方」がクセになるのです。

たとえば、仕事に行きたくないときも、「会社に行くのは嫌だけど、行くまでの景色はいいな」「自分の仕事のあの部分は好き」「ランチは○○を食べよう」「仕事帰りには○○をしよう」と、気分をよくすることに目が向くようになります。

〝気分〟を意識するのは女性的な思考のようですが、男性でも「気分をよくするもの」を身近に置くことで、ストレスを回避したり、心に余裕が生まれたりします。

ストイックなスポーツ選手や経営者など結果を出したい人ほど、五感を使って自分を立て直す環境作りに気を配っているものです。

少しでもいい環境を作ることは、少しでもいい自分を作ることでもあるのです。

気分にフォーカスすると、求めているものがハッキリする

38

The magic of "environment"

さくっと行動できる仕掛けを作る

現代の子どもたちは「リビング学習」が多く、それなりの効果があるといいます。子どもにとっては安心感がある、家族の目があるからがんばれる、コミュニケーションがとれるなどのメリットに加えて、「さくっと始められる」という効果が大きいのではないでしょうか。勉強をするために子ども部屋に行くこと、部屋を整えることには、いくらか負担があるもの。つい怠けること、集中できないこともあるでしょう。

「さくっと動ける」ための環境作りは、大人も重要です。掃除道具、調理道具が取り出しにくい場所にあると、それだけで億劫になるもの。「なかなか動けない自分」を責めてしまうかもしれません。

すぐに取り出せる場所に置くだけで、動きがスムーズになり、片付けるのも簡単。ストレスをなくす方法は、自分の行動に合わせて環境を整えることなのです。

「自分は継続力がない」と思っていた友人が、リビングの目に見える場所に三年日誌を置くようにしたら、ストレスがなく三年完了。いまは五年日誌をつけているとか。

さくっと動ける環境作りのための、たったひとつのコツは、「よく使うものは、身近に置く」というルールを作ることです。

私も整理整頓をするものの、ついしまい込んでしまう習慣があったために、「行動が鈍い」だけでなく、「モノを探す」「忘れ物をする」ということもしばしば。

そこでクローゼットの服、引き出しの文具、棚の食器、財布のカードなど、使用頻度に合わせて配置しただけで、さくっと動けて、ストレスが激減したのです。

身のまわりの環境を〝作業台〟、よく使う〝道具〟は近くに置くと考えると、使っていないものがたくさんあることもわかり、処分や一時保管の対象にもなります。「面倒くさがり」と自覚する人ほど、環境を整備することで効果が出やすいはずです。

動線を考えながら「定位置」を決めると、部屋がすっきりする

39

The magic of
"environment"

消耗する人とは距離を置く

「どんな人とつき合うか？」という人間関係は、環境のなかでも、もっとも強い影響を受けやすいものです。家族、同僚、友人、恋人、地域の人、サークル仲間など、損得や立場で仲良くしようとしたり、波風を立てないようにしたり……と、表面的なことで人づき合いをしようとすると、人間関係はうまくいきません。

たとえば、「職場の先輩とうまくやりたいが、悪口、グチばかりで嫌になる」「自分の価値観を押しつける親がうっとうしい」「友だちグループの誘いを断れずに、憂鬱になる」と、我慢をしたり、振り回されたりして、心の葛藤が生まれるからです。

「〝心のエネルギー〟が増えるか減るか？」でつき合う人や、つき合い方を考えてはいかがでしょう。といっても、スピリチュアルな話ではないのです。

「一緒にいると楽しい」「癒やされる」「元気になる」といった人は、心のエネルギーが満ちてくる相手。自分の良さが引き出されて、いい影響を与え合います。

「一緒にいると疲れる」「なぜかイライラする」「モヤッと嫌な気分になる」といった人は心が消耗する相手。〝エナジーバンパイア〟とも呼ばれる、そんな人に対しては、自分のよくない部分が出てきて、お互いのためにならないのです。

「仲良くしなければ」「嫌いと思ってはいけない」などと考える必要はありません。

「自分はこの人の、こんなところが苦手」と感じる気持ちを受け止めて、消耗する人とは、物理的、時間的に距離を置きましょう。職場など近くにいなければいけない相手なら「人は人。自分は自分の仕事に専念する」「グチっぽいときは、さりげなく席を外す」「プライベートなことを話しすぎない」など心の距離をとればいいのです。

愛する家族や恋人でも、ずっと一緒では心が消耗することがあります。

そんなときもしばし離れる時間を作ることで、自分を取り戻せるはずです。

自分の心を守ることは、相手を守ることでもある

40

The magic of "environment"

「一緒にいると、自分を好きになれる相手」とつき合う

つき合う人を選ぶときに、トクする相手、好きな相手ではなく、「一緒にいると、〝自分〟を好きになれる人とつき合う」と考えると、人づき合いがラクになります。

「なにかメリットがありそうな人」だと思ってつき合っても、合わせるのに疲れたり、引け目を感じたり。反対に相手をコントロールしようとして傲慢になったりすることもあります。どんなに愛する恋人でも配偶者でも、ケンカが絶えなかったり、言いたいことが言えなかったりすると、うまくいかなくなってきます。

その点、「この人と一緒にいるときの自分は好きだな」という相手は、自分が自分でいられる場所。伸び伸びと振る舞えたり、元気になったり、やさしい気持ちになったり……といい影響を受けているので、相手のことも大事に思えてくるのです。

友人は、娘が結婚する相手を連れてきたとき、経済的な心配があったそうですが、娘の

「この人と一緒にいると、お互いに成長していける」というひと言で大賛成。数年後、それぞれの分野で活躍するようになり、夫婦仲も周囲との関係も良好とか。

「一緒にいると自分を好きになれる相手」とは、いろいろあっても、本質的な心の喜びを与えてくれる相手なのでしょう。

友人のなかでも、尊敬する人とつき合えるのは嬉しいもの。いい刺激があって「自分もがんばろう！」と思えてきます。なかでも、とくに厳しい指摘もしてくれる人は、いまの自分を見直す機会になります。「謙虚な自分」を失わずにいられます。

また一方で、私が困っている人たちを微力ながらサポートしたいと思うのも、「なにかができる自分」という機会を与えてもらえるから。「少しでも力になれる自分が嬉しい」と、こちらが感謝したくなるのです。

「一緒にいると自分を好きになれる相手」は、目に見える損得以上の恩恵があるのです。

自分を好きになれる人間関係、場所、時間は心の満足を作る

41

The magic of "environment"

テレビ、インターネットから離れる日をつくる

「気分転換にテレビをちょっと観るつもりが、ずるずると2時間見てしまった」「仕事中もSNSが気になって何度もチェックしてしまう」「起きたときから寝るときまでスマホを手放せない」といった人は意外に多いのではないでしょうか。

とくにネットは知的好奇心を満たしてくれる道具。疑問に感じたことをすぐに調べられるものの、うっかり余計な情報までクリックしてしまうことも。自分でコントロールしている道具のつもりが、逆に道具にコントロールされている……〝つい〟〝うっかり〟〝ずるずる〟では、自分を好きになれるはずはありません。

まず、テレビやネットは「気を引くために作られている」と理解したほうがいいでしょう。意図的に中毒性のある作りになっているので、自分で「ここまで」と線引きしないかぎりは、製作者や広告主に乗せられることになります。

テレビやネットから一日でも離れてみると、便利な道具がじつは「自分をダメにする道具」でもあったことがわかります。「時間がない」と言っていた人も、「一日でこんなにいろいろできるんだ！」と感じるほど有効に時間を使えるようになります。

また、「工夫する力」「考える力」が高まります。情報を受け取ってばかりでは「なにか楽しいものはない？」と受け身の姿勢ですが、「ここで楽しむには……」と工夫する姿勢になるのです。「自分でなんとかできる」という自信もついてきます。

私は電車やバスのなかでスマホを見ないようにしたところ、席を譲ったり譲られたり、車窓から季節の変化に気づいたり、思いがけないアイデアが浮かんだりするように。顔を上げてまわりを見渡すだけで、素敵なことが起こりやすくなるものです。

一日離れるのがむずかしければ、「テレビは○時のニュースと見たい番組だけ」「SNSは朝、昼、夕の1日3回チェック」など自分ルールを決めるといいでしょう。

“情報過多”だと脳が疲れて、気力も低下させる

42

The magic of "environment"

人と向き合うときは姿勢をまっすぐに正す

自分を好きになるために、意外に効果的なのは、姿勢をまっすぐに正して、胸を張ることです。安心感、信頼感をもたれて、まわりの人の対応が丁寧で友好的なものに変わってくるのです。

格調の高いレストランでも、パーティでも、高価な服を着ているよりもずっと気品と自信に満ちた印象、明るく心を開いている印象になります。

職場でも、猫背になっていると、消極的で暗い印象になり、まわりも言葉が少なくなるでしょう。逆に、背もたれに寄りかかった姿勢でも、だらけた印象、傲慢な印象になって、相手も緊張感のない対応になります。

姿勢を正すことで、いちばん影響を受けているのは、自分自身です。背筋を伸ばすと、全身が心地よく引き締まって、胸が開き、自然に目線は前を向きます。

この状態では暗いことは考えにくく、気持ちも前向きになるのです。

営業職についたある人は、上司から「とにかく姿勢だけはしゃんとしなさい」と口うるさく言われて実行したところ、相手の顔をちゃんと見るので笑顔が増えて、苦手だった営業トークにも自信がついてきたとか。普段から胸を張って堂々と振る舞うことで、マウンティングされるような人間関係も、あまり気にならなくなったといいます。

うまくいかないとき、心が弱くなりそうなときほど、姿勢の魔法は効きます。

病で余命を悟った友人は、「プリンセスのように胸を張って過ごしたい」とよく言っていましたが、本人もまわりも笑顔が絶えず、立派に旅立っていきました。

人と会うときだけでなく、歩くとき、仕事をするとき、食事をするときなどに姿勢を正すことで、考えることも、選択することも変わってくるはずです。

身体の構え方を正しく整えることで心構えまで変わる

43

The magic of "environment"

「量より質」の生活を意識する

安物の服をたくさん買うより、質のいい、お気に入りの服を厳選して買うほうが、着ているときの満足度が高く、自分を好きになります。

友だちとも呼べないような知人がたくさんいるよりも、少数でも、心が通じ合って、いざというときに頼りになる友人がいるほうが、心強いものです。

週に何度もファストフード店で食事をするよりも、月に1回、ほんとうに行きたかった店で食事をするほうが、特別な喜びがあるでしょう。

生活のなかに「量より質」を意識することは、自分を大切に扱うことでもあります。まわりに適当なものを集めて、適当に自分を扱うのではなく、価値あるものを厳選することで、喜びは大きくなり、心地いい時間を過ごせたり、自信をもてたりします。

もちろん、「量」が大切なときもあります。たくさん学ぶこと、たくさん経験をすることなどで、人は成長していきます。が、やみくもに量を増やすのではなく、質にちゃんとこだわったうえで、数をこなして試行錯誤するのがベストです。

現代社会は大量生産・大量消費で逆に「質より量」の生活になってしまいがち。

とくに食生活は、弁当や菓子類など、手軽なものをちゃちゃっと食べることを繰り返していると、心が満たされず、生活習慣病になることも。ジャンクフードは「ジャンク＝がらくた」という意味があるとか。体には価値はなくても、刺激的な味覚によって脳をだまし、依存的に〝がらくた〟を求める状態を作ってしまうのです。

高価なもの、手をかけたものがいいというのではなく、「1日1回は旬の野菜を食べる」「地元産の安心できるお米にする」「大切な人からもらった、お気に入りの茶碗を使う」など、自分にとっての〝ストーリー〟があることが、ゆたかさを生んでいきます。「量より質」の生活は、自分の生き方を追求することでもあるのです。

「量」を増やすことより「質」を上げる発想が大事

44

The magic of "environment"

自分の成長と経験のためにお金を使う

人生は人、場所、ものなど「なにに出逢ったか」によって、道ができていきます。

そして、出逢うものの多くは、お金を払って得られるものです。

私は、知識も経験もゼロの状態で「社内でほかにする人がいないから」とブライダルカメラマンになったことがありました。自腹で高価なカメラ機材を買い、独学で撮れるようになったものの、どこか自信のなさも、限界も感じていました。

そこで、残りの貯金をはたいて、「世界の一流というものを見てみようではないか」とフランスで著名な写真家が集う世界写真展を見に行ったのです。

写真家たちの感性とスキルに打ちのめされるのと同時に、いちばん刺激を受けたのは「こんなに夢中になって写真を楽しんでいる人たちがいる」という事実。私も帰国してすぐに撮影から現像、プリントまですることに夢中になり、個展を開いたほど。

これまでにない環境に身を置くことで、新しい景色が見えてくるのです。

自分の未来のためにお金を使うことは、ほかにもいろいろあるでしょう。

本やセミナー、資格やスキルの取得、学びになる人との会食費、行ったことのない場所への旅、やったことのない経験、優れたものを見ること……。そんな〝自己投資〟は自分のなかに残って、新しい発想や人とのつながりを生み、自分を高めてくれます。

私がもっとも効果的だと感じる投資は、自分の行きたい先にいる人と交流すること。著名人ということではなく、「こんな生き方をしたい」「こんな考え方をしたい」「あんな場所に行きたい」といった尊敬する人と付き合うだけで、刺激を受けて、日々の生活も、ものごとへの取り組み方も変わってきます。

「あの人だったら、どうする？」という発想もわいて、成長する方法、困難を乗り越える方法も見つかりやすくなるのです。

ダイヤモンドはダイヤモンドで磨くように、人は人で磨かれる

第四章

行動の魔法

ちょっとだけ
動いてみる

The magic of “action”

45

The magic of "action"

とりあえず5分だけ、やってみる

今日やろうと決めていたことを「明日でいいか」と先送りしたり、結局やらずに過ごしてしまったりすることがあるものです。

目の前のことから逃げる行動は、自分を嫌いになる原因のひとつです。

「やる気を出そう！」と自分に喝を入れても、気持ちはなかなか変わってくれないもの。

そんなとき、自分にかける言葉は、

「5分だけ、やってみない？」

です。全部をやろうと考えると、気が重くなりますが、「5分だけ」なら、ほとんどの人ができませんか？

5分間だけやって、心底、苦痛であれば、やめればいいでしょう。

でも、ほとんどの場合、「もうちょっとやってもいいかな」となります。

心理学で「作業興奮」といいますが、手足、体を動かすだけで、やる気のもと、ドーパミンが出てくるのです。スポーツのウォーミングアップと同じ作用です。

私も、気分が乗らないとき、「5分だけ、やってみるか」とパソコンの前に座り、文字を適当にカチャカチャと打ち込んでみると、いつの間にか夢中になっています。昨日まで考えていたこととつながって、「もっといいものが書けそう！」と調子に乗ることもあります。

〝やる姿勢〟をとれば、気持ちにスイッチが入るのです。

「自分には能力がない」と思う人ほど、「とりあえずやる」の小さな行動の積み重ねが、大きな〝才能〟になり、自分に対する大きな〝信頼〟になっていくはずです。

この章では、そんな自信をつけて、自分を好きになる「行動の魔法」についてお伝えしていきましょう。

動くことで、心も体も活性化して、あたたかくなる

46

The magic of "action"

「考えてからやる」ではなく「やりながら考える」

私たちはよく「やりたいことがあるけど、腰が重くて……」ということがあります。

どうして動けないかというと、頭のなかのおしゃべりに忙しいからです。

たとえば、「ある習いごとをしようと思っているのだけど……」というとき。「やってもうまくいかないかも」「結構、面倒くさそう」「人からなんて思われるか」「自分には向いていないかな」とあれこれ考えると、動けなくなってしまうのです。

心が重くなるときは「これは妄想にすぎない」と考えることをストップして、とりあえず少しだけ動いてみるといいでしょう。「教室をネットで調べる」「話を聞きに行く」「体験レッスンを受けてみる」など、一歩進むだけでいいのです。

少しでも手をつけると、新しい行動、新しい考えが生まれます。動かずにじっとしていると、なにも生まれないばかりか、ネガティブな妄想で気が重くなるばかりです。

仕事、学び、人間関係、恋愛、遊び……すべては、やってみないとわからない。「意外にうまくいくものだ」ということもあれば、「方法を変えれば、うまくいく」「これは自分の手に負えない。つぎにいこう」と学習することもあります。

「考えてから、やる」ではなく、「やりながら、考える」で、人は賢くなるのです。

先日、子どもの将棋大会で、素敵なキャッチコピーを見つけて膝を打ちました。

「ひとつ前に進む。ひとつ強くなる」

前にしか進めない「歩」でも、進み続けていれば、「と金」に成長する。勝っても、負けても、ひとつひとつの歩みが「自分を信じる力の〝貯金〟」になるのです。

この〝貯金〟こそが、生きるエネルギー。さまざまな場面で「やればできるでしょ」「うまくいきそう」と根拠のない自信になって一歩を踏み出せます。

やりたいことがあるなら、考えすぎず、一歩進むだけでいいのです。

自分を信じるためには、行動で証を立てるしかない

47

The magic of "action"

志は高く、目標は低く設定する

約束を破ると、人から信用されなくなりますが、これは自分自身に対してもいえることです。「今日、やろうと思っていたことがやれなかった」「ダイエットをしようと決めたのに、ついつい食べてしまう」というとき、「ダメな自分」とジャッジして、だんだん自分が信じられなくなってきます。

他人との約束も、自分との約束も守るために必要なのは、「ムリをしてでも、約束を守る」ことではありません。

「できない約束はしない」。つまり「できる約束だけをする」ということです。

たとえば、仕事では「これから30分間で、この作業に集中する」「最低限、これだけはやる」、ダイエットでは「今夜は甘いものを食べない」「カンタンな体操だけはやって寝る」など、やればできそうな〝小さなステップ〟に分けて実行するのです。

このステップをクリアしたら、しみじみと達成感を味わって、「よくやった！」「えらい！」「やれば、できる！」と、自分を大いに褒めてあげましょう。

そんなすがすがしい〝成功体験〟は、前に進む力を後押ししてくれます。

志はうんと高くもつといいでしょう。「いつか○○になりたい」「こんなことをやってみたい」と大きな夢をもったほうが、楽しいではありませんか。

大それた夢を叶えるためにも、目標は小分けにして、一つひとつクリアするのです。

どんな大きな仕事も、どんなに優れた能力も、結局は、小さな〝行動〟の積み重ねで成り立っています。「自分にはむずかしい」と思うことでも、やっているうちに「案外、できるかも」とパーッと視界が開けてくることがあります。

自信とは、「見通しがつくこと」ともいえます。「これならできる」と見通しがつく小さなステップを重ねて、大きな見通しにつなげていきましょう。

行動に必要なのは「勇気」ではなく、見通しのつく「納得感」

48

The magic of "action"

「うまくいかないこと」を織り込み済みにして進む

「日記も、体操も、語学学習も、いつも三日坊主。私ってほんとに意志が弱いんです」と嘆いていた人がいました。日記を一日書かないと、すっかりやる気をなくし、二日しないでいると「もう、やーめた」と投げやりになってしまうと。

三日坊主の最大の原因は、意志が弱いからではありません。

それは、「自分を責めるから」。少しうまくいかないからといって、「ほんとにダメな人」と自分で自分を責めているから、気持ちが後ろ向きになるのです。

それだけ自分を高く見積もっていて、「完ぺき主義」なのかもしれません。

しかし、完全無欠な人などなく、うまくいくときも、いかないときもあります。

「まぁ、そんなときもある」と不完全な自分を許せる人が、「またやってみよう」「もう一度チャレンジしてみよう」と、前を向ける人なのです。

私はなにごとも「毎日続ける」ではなく、「しんどいときは休んでもいい」ということにしてから、心が軽くなって、続けられるようになりました。新しい習慣を取り入れるのは、意外にむずかしく、意志の力だけに頼れないのです（つぎの項で説明します）。

また「完ぺき主義」の人は、仕事や家事、育児などで無理をしすぎたり、成果が得られなかったりして「もうダメ」と〝燃え尽き症候群〟になることもあります。

これも「自分を責めているから」。うまくいかないと「なんでできないの？」と自分を叱っているはずです。ブレーキを踏んでいるのは、いつも自分自身なのです。

どんなに優れた野球のバッターも、打率は3割台で、うまくいかないことのほうが多いもの。それでも気持ちをくさらせないで、打席に立ち続けることが、大きな結果と、大きな喜びを生みます。

大事なのは「ちゃんと続けること」ではありません。「やめないこと」なのです。

全力で走るのではなく、ゆっくりでも、休んでも走り続ける

49

The magic of "action"

「これだけは続けている」という習慣をひとつもつ

「これだけは続けている」という〝習慣〟が自信になったり、生活や人生を形作ったりするのは、なんとなく実感するでしょう。

経営者などで「トイレに入ったら掃除をする」「毎朝、仏壇に手を合わせる」などの習慣を大切にしている人は、自信や謙虚さ、感謝があるものです。「通勤電車の往復時間に語学学習をする」という習慣がある人は、スキルが確実についていくでしょう。

私も朝だけでも、ベッドを整える、朝日を浴びる、コーヒーをいれるなどいくつか習慣がありますが、その目的は結果を出すことより、気持ちの問題が大きいように思います。決めていることをクリアするのは気持ちのいいもので、「よしよし」と自分への肯定感になって、毎日の生活を下支えしてくれるのです。

ただし、新しい習慣を定着させていくのは、簡単なことではありません。

なぜなら、私たちはよっぽど強い動機がないかぎり、無意識に「昨日と同じ今日」を望んでいるからです。私たちの脳は、負担になることを嫌うので、意志やモチベーションの力に頼るよりも、〝システム化（行動の流れ）〟が、習慣化のカギです。

【無理なく習慣化するコツ】は、つぎのように行動をなにかと結びつけることです。

1 「セットの行動（～したら、これをする）」を決める

テレビを観るときに体操をする、歯磨きしたあとに洗面台を拭く、着替えたら全身チェックをするなど

2 「時間（このときに、これをする）」を決める

起きてすぐに〇〇する、退勤時に翌日の予定を決める、寝る前に英単語を3つ覚える、週末は家族で食事をするなど

3 「場所（あの場所で、あれをする）」と決める

カフェでひとり会議をする、お風呂でマッサージをする、図書館で勉強をする、車内で好きな音楽を聴くなど

小さいことから始めて「気持ちがいい」と実感する習慣を取り入れていきましょう。

自信をもつためには、自分の人生の目的にそった習慣を身につける

50

The magic of "action"

5分でできることは、すぐにする

「小さなことをさっさと片付ける自分」「小さなこともつい先送りしてしまう自分」

どちらの自分が好きかというと、当然、前者でしょう。仕事を先送りしている、片付けを先延ばしにする、書類の提出ができていない……そんな人は「面倒くさがり」という自覚があるのではないでしょうか。いつの間にか、やるべきことが山積みで、前の記憶を手繰り寄せるのも、処理するのも、さらに時間とエネルギーが要りそうです。

そんな面倒くさがりの人ほど、「すぐにやる習慣」を身につけてほしいのです。

なぜなら、人は3秒もあれば、面倒な理由を無意識に思いつくからです。

先延ばししたら、手をつけるまで、ずっと気がかり。さらに面倒になってきます。

だから、「これをしよう」と思ったら、3秒以内に動き出すのです。一つひとつにケリをつけていく習慣で、心を軽くして「いま」を快適に過ごせるようになります。

すべてのことを「すぐにする」ということではありません。それはそれで、心の負担が大きいでしょう。**【「すぐにする」ための3つのルール】**をご紹介します。

1　5分以内でできることは、すぐにする　メールを返信する、郵便物を開封する、食べた後の食器を片付けるなど、5分でできることは、その都度、処理しましょう。一瞬、「あとでいいか」と思ったら、「いま、やったほうがラク」と思い直して。

2　気になっていることは、少しでも手をつける　ストレスのある課題を放置するほど、逃げ出したい心境に。企画書は1ページでも書く、片付けは一箇所だけやるなど、手をつけると、「結構、時間がかかる」「3日あれば終わる」など見通しが立ちます。

3　先送りするなら、「いつやる」と具体的に決める　「この書類は翌朝1時間で書く」「領収書は月末に処理」など具体的に計画すれば、心のノイズはなくなります。大切なのは、「先送りしないこと」ではなく、「自分を責めないこと」なのです。

未来にツケを回さず、「いますぐ」がいちばんラクに精算できる

51

The magic of "action"

「ネガティブな動機」「ポジティブな動機」を使い分ける

「ギリギリになったらやるのに、どうして最初からこの力が出てこないのか」

そう思うことがあるでしょうが、それもそのはず。びっくりするような力は、追い詰められないと出てこないのです。私たちが動く理由は、つぎの二つしかありません。

・「そうなったらいいな」と〝快〟を得るポジティブな動機
・「そうはなりたくない」と〝不快〟を避けるネガティブな動機

じつは後者のネガティブな動機のほうが強力。人は「なにかを得られる」という喜びよりも「失ってしまう」という恐怖に強く感情を動かされる生き物なのです。

海外で仕事をするために、3か月でスペイン語を必死に習得した人は、「できなかったら、仕事を失うところだった」。借金地獄から起業して資産家になったシングルマザーは「雇ってくれる会社もなくて、子どもとホームレス寸前だった」など、切羽詰まった危機感が、とんでもない力になることがあります。

平和な環境での「こうなったらいいな」と、ふんわりした動機は意外に弱いのです。ただし、このネガティブな動機は、瞬発力はありますが、長くは通用しません。「〇〇しなきゃ大変！」とあおるばかりでは、心も体も疲弊します。楽しさや喜び、やり甲斐など〝快〟を求める方向にシフトしたほうが、息の長い取り組みができます。

若い経営者や芸術家、スポーツ選手、棋士などは「楽しそうだから」という理由で、とてつもない力を発揮することがあります。ただ、頭角を現しているのは大抵、〝負けず嫌い〟な人たち。自分自身に対して「負けるのは嫌」という〝負け（不快）〟を避けようとする思いもあるから、踏ん張るエネルギーがわいてくるのでしょう。

どんな場面でどんな動機がパワーを発揮するかは、人それぞれですが、続けていきたいなら、「幸福感」と、いくらかの「危機感」があったほうがいいかもしれません。

本気で自分を変えたいなら、「もっと」より「ヤバい」が有効

52

The magic of "action"

焦っているときほど、ゆっくり動く

慌てると、ケガをするよ。

子どものころ、走り回っているときによく年配の方から言われたものですが、人生の後半になったいま、この言葉に深く納得します。なんでも急いでやろうとすると、焦って失敗したり、うっかりミスをしたりして、余計に手間ひまがかかるのです。

前に「すぐに手を付けること」は大事だと書きましたが、それは動きを速くすることではありません。私は、急いでやろうとすると、忘れ物やミスをするなどロクなことがないので、焦っているときほど、深呼吸をして、「ゆっくり動く」を意識しています。これが、魔法にかかったように効果があるのです。

たとえば、外出の準備をするとき、急いでいても、あえてゆっくり動くと、呼吸もゆっくり深くなります。落ち着いて、思考がちゃんと回り、確実に実行できます。

焦っているときは、呼吸が浅く、不安にかられて思考も行動も空回りし、現実的に考えられていない、現実的に動けていない状態なのです。

「早くして！」とすぐに結論を求めるせっかちさが、イライラの原因になることもあります。気持ちが急いて空回りすることで、イライラが募るのです。

イライラしがちな人におすすめなのが、ゆっくり話すこと。会話も「それで？」「だから？」とせっかちに話すより、ゆっくりを意識するだけで、「そーだねー」「それもあるね」と相手を受け入れる言葉になります。考えながら話すので、失言もなくなります。相手の気持ちを余裕をもって考えられるようになるのです。

人生でも、焦ると、道を誤る

だらだらではなく、ゆっくり確実に。ゆっくり歩く、ゆっくり食べるなど、あらゆることで最初だけでもゆっくり動くようにすると、余裕が生まれて「いま」に集中できます。急いでいたときには見えなかった、素敵な景色が見えてくるかもしれません。

53

The magic of "action"

仕事や生活を楽しくするために「工夫する」

ある小学生の工夫された勉強部屋を見て、「ここは心地よさそう！」と感動したことがありました。1畳ほどの閉鎖的な空間に、きれいな壁紙をぐるりと張り、コルクボードには家族や友人の写真、デスク上の本棚も、ペン立ても使いやすいように手作りされていました。材料はすべてお小遣いを捻出して、百円ショップでそろえたとか。

大人のなかには「じゅうぶんなスペースがない」「お金がない」と嘆く人もいそうですが、それではつまらなくなるばかり。自分のことも嫌になるでしょう。

なんにしても「工夫する＝自分なりの方法を考えて動く」ことは、心を弾ませてくれるものです。「工夫」は、「前向き」や「努力」というより、自然と生き生きと過ごせるような〝遊び心〟に似た感覚があります。

同じ仕事でも楽しんでいる人、つまらなそうにしている人の違いも、この「工夫するクセがあるかないか」の差が大きいのではないでしょうか。

単調な仕事も「1時間にどれだけできるか挑戦しよう」「効率化するために手順を変えてみよう」とゲーム感覚でやっている人は、飽きることがありません。

面倒なことも「どうすれば楽しくなる?」「どうすれば人が喜んでくれる?」「どうすればいいものができる?」などと考えて試すと、なにか結果を得られるもの。うまくいかなくても、試行錯誤しながら動くことは楽しく、やり甲斐や成長にもなっていきます。

そう。あらゆることに「努力」ではなく、「工夫」をしようではありませんか。

話し方を工夫する。働き方を工夫する。人とのつき合いを工夫する。学び方を工夫する。お金の使い方を工夫する……。「工夫してやってみる」ことは、生きることそのもので、方法は無限にあります。面白いことが降ってわいてくるわけでもない日常を、面白くするのは、私たち自身なのです。

自分で見つけた方法を試すのは、楽しく夢中になれる

54

The magic of "action"

いつもと違うことをしてみる

考えてみれば、毎日、同じことの繰り返し。同じ仕事をして、同じ人とだけと話している、いまの生活に不満はないけど、マンネリ化している……という人におすすめしたいのは、生活のなかに少しだけ「いつもと違うこと」を取り入れてみることです。

人は無意識のうちに「心地いい」と感じている状態を維持しようとするので、そこからはみ出すような行動をとることに抵抗があります。が、その一方で「新しい喜びを得たい」「成長したい」という思いもあるもの。人間ですから、同じ行動だけをロボットのように繰り返すのも、無理があるでしょう。

「いつもと違う帰り道を通ってみる」「いつもと違う人とランチを食べる」「いつも観ないような映画を観てみる」などでも、新鮮な風が吹きます。そんな小さな変化が脳内をアップデートさせます。人、場所、モノとの出逢いがあることもあります。

ただし、注意するべきは、嬉しいことが舞い込んでくることもあるけれど、そうでないこともある、ということです。「新しいことをやっても、疲れるだけで大していいことはない。むしろ、よくないことのほうが多い」と思うかもしれません。

たとえば「いつもと違うメニューを食べた」というとき。「意外に美味しかった」と〝トク〟することもあれば、「あまり美味しくなかった。前のほうがいい」ということもあります。しかし、それは〝ソン〟ではなく、そんな気づきを得られた、小さな挑戦ができたという意味では〝トク〟です。どちらに転んでもソンはありません。

私は最近、少し抵抗がありましたが、一人でラーメン屋さんに入ってみました。大して美味しくなくて期待する結果は得られなくても、そんな抵抗のあることができる自分はちょっとした喜び。人は「新しいことができる自分」が好きなのです。

新しい行動をすることで、新しい自分を発見できるはずです。

新しいことをするのは、ひとつの「実験」であり、「トレーニング」

55

The magic of "action"

あえて、人と違うことをしてみる

みんなと同じことをするのは安心感があるものです。

私もかつてそんな気持ちが強くて、「みんなが大きな会社に就職するから私も」「みんなが行くイベントだから私も」「みんなが観る映画だから私も」とやっていました。

でも、それは自分のやりたいことではなかったり、うまくいかなかったり。「みんながやるから私も」では、自分を好きになれないのです。

もうひとつ痛感したのは、「凡人の自分が、人と同じことをやっても勝ち目はない」ということ。だから、あえて人と違うことをやってきました。会社で働いているときは、「あえて、だれも目を向けていない課題に力を入れる」、カメラマンをしていたときは、「あえて、手焼きのモノクロ写真をやる」、作家になったら「あえて、人が行かない場所に行き、人が会わないような人に会って情報を集める」というように。

そこは競争がない世界なので、大きな努力をしなくても〝特別〟な存在になれます。自分の役割や居場所もできて、チャンスも増えます。

ただ、私が人と違うことおすすめするのは、戦略的なことだけでなく、単純にそのほうが「楽しい」からです。たとえば、旅行でも、みんなが行く観光地に行って、ガイドブックの情報と「答え合わせ」をするのは、それはそれで安心感があります。

でも、ときには、探検するように道をぶらぶらしたり、ホームステイをしたり……と人と違う旅の仕方をしてみると、手応えのある〝快感〟が得られます。

「答案用紙に書く」より、「白紙に自由に描く」ほうが、旅も人生も面白いのです。

ほかにも「人と違う語学を学ぶ」「人と違う趣味をもつ」「人と違う得意料理をもつ」「人と違う方法でやる」など、人と違うものをもっていれば、なにかと人の役に立てたり、自信になったりします。人と同じことは、人に任せればいいのです。

人と違うことをすれば、比較はなくなる

56

The magic of "action"

ワクワクすることは、一度やってみる

古今東西の賢者が「ワクワクすることをすれば成功する」「ワクワクすることにはサポートが集まる」などと言っていますが、もっともなことです。

仕事でも遊びでも、心が〝ワクワク〟とときめくものは、エネルギーが強く、好きなことなので、力が発揮できて、どれだけやっても疲れない。熱い気持ちでやっている人は自然に世界が広がり、助けてくれる人も情報も集まってくるでしょう。

ただ、私がここで「小さなワクワクでも、一度やったほうがいい」と提案するのは、ワクワクは「ずっと」ではないからです。

たとえば、「陶芸をやってみたい」「ボランティアに参加してみたい」「マラソンに挑戦してみたい」「大好きな人に会いに行きたい」「あの本を読みたい」などとワクワクしても、一年後はワクワクしないでしょう。

「それならそれでいいではないか」とツッコまれそうですが、心が欲しているときにやらないと、もったいない。数か月後には「できないこと」になるかもしれません。

そればかりか、やらないと、〝後悔〟や、自分への〝不信感〟が残るのです。

やってしまった後悔よりも、やらなかった後悔のほうが長引くのは、やったことは結果が出ているので反省すればいいだけ、やらなかったことは、結果が出ていないので「あのときやっていれば」という〝仮想〟がどんどんわき上がってくるからです。

ワクワクに従うことは、自分の本質を知るきっかけにもなります。子どものような好奇心を追いかけて、夢中になることを見つけたら幸せ。小さなワクワクを重ねて、「なにがそんなに自分をワクワクさせるのか？」と知ることで、大きなワクワクを見つけやすくなったり、自分の世界をもって、それを追求できたりします。

ワクワクはひとつのチャンス。やってきた波に乗らないと、波は遠ざかるのです。

「ワクワク」こそ、生きる源泉であり、魂が求めていること

57
The magic of "action"

行動するために「行動しないこと」を決める

大切なことを大切にするためには、「やることを決める」より「やらないことを決める」ことが重要です。

なぜなら、時間は〝有限〟だからです。

私たちの生きている社会は意外に複雑で、情報も氾濫しているため、放っておくと「あれもやらなきゃ」「これもやろうかな」とやることが増えてキリがなくなります。

目の前の雑多なことに翻弄されていると、時間と気持ちの余裕がなくなってフットワークが鈍るばかりか、優先することがわかりにくくなってしまいます。

「やりたいことがあるけど、なにかと忙しくて」「バタバタしていて、今日は大事なことが終わっていない」という人は、やっていることを見直してみるといいでしょう。

「やらなきゃ」は思い込みで、じつは「やらなくても困らない」「ほかの人でもできる」「だらだらと時間を浪費している」ということが多いはずです。

ある社長は「基本的に出社しない」と決めてから、自分のやるべきことに専念できるようになったといいます。働く母である友人は「食事の片付けはしない（夫と子どもがやる）」と決めてから、やさしくなれて、家族の笑顔が増えたとか。

私も領収書や書類の整理など「事務作業はしない」と人に任せて、ものすごく気分がラクになりました。原稿の締切が迫ると「重要なこと以外は、なにもしない」と決めているので、SNSも掃除も洗濯も放置。大事な付き合い以外、誘いも断ります。

「ずっとしないと決める」ではなく、「いまはしないと決める」でいいのです。

とくに自分が嫌いになるようなことは、いますぐやめると決断したほうがいい。

「深酒はしない」「人を責めない」「〇〇にお金を使わない」などマイナスの感情が伴うものを手放すと、いまよりずっと自分を好きになれるはずです。

やらないことを決めると、大事なことが浮かび上がってくる

58

The magic of "action"

行動するために「休みをとること」を決める

活動すること、働くことも大事ですが、それと同じくらい「休むこと」も大事です。

疲れてくると、判断力も集中力も鈍り、思うような結果が出ないことは、だれもが実感するはず。しかし、がんばりやの人ほど、疲れが原因だと思わず、「自分は能力がない」「努力が足りない」「ほかの人はがんばっているのに」と自分を責めて、焦って、さらにがんばり、ますます自己嫌悪になる……というスパイラルに陥るのです。

疲れると、いい仕事ができないばかりか、自己肯定感まで下がるワケです。

優先するべきは「休むこと」。「疲れたら、休む」ではなく、「疲れる前に、休む」の習慣が重要です。ランニングなどのスポーツもギリギリまでやってしまうと、しばらくやる気が起きないもの。少し余力を残して休んだほうが、意欲も長続きします。

休むのに抵抗がある人は「休むのも仕事のうち」と自分に言い聞かせてください。

休んでいると、頭や心が整理されて余裕ができるので、アイデアが浮かんだり、自分のことを見つめ直せたり、これからの方向性が見えてきたりすることがあります。

がんばりやさんにありがちなのは、休日も趣味やイベント、ショッピングなど多くの予定を入れて、余った時間に休むこと。それでは疲れてしまって元も子もありません。

元気を回復させるための休みなのですから、「土曜日に用事を済ませて、日曜日はなにもしない」「午後はなにもしない」など、最初からなにもしない時間を設定しましょう。心が解放されること、リラックスできることだけをして過ごせばいいのです。

休む時間のなかでもっとも大切なのは「睡眠時間」です。睡眠が足りないと、イライラしたり、悲観的になったりします。辛いことがあっても、たっぷり寝たら「またがんばろう」と明るく考えられるのは、睡眠が脳と体の細胞を修復して、生きる気力が復活するから。忙しくても睡眠は削らず、布団に入る時間は死守しましょう。

「休む時間」は生産性がない時間ではなく、生産性を高めるための準備時間

59

The magic of "action"

煮詰まったら、5分間ウォーキング

ラジオのテレフォン相談を聴いていたら、親の介護でストレスがたまり、家族喧嘩ばかりしているという女性が相談していました。先生のアドバイスは……

「イライラしたら、外に出て、5分でも10分でも近所を歩きましょう。私も辛かった時期、よく歩きましたよ。歩いていると、涙も引っ込んで、まぁいいかと思えてくる。帰ったら、不思議と、にっこり笑えますよ」

ほんとうにそう。歩くことは、ほとんどの人が、少しの合間にできること。特別なことをしなくてもできる、もっとも効果的なストレス解消法のひとつです。

たった数分、ただ歩くだけで、脳内では不安解消や幸福のホルモンといわれるエンドルフィン、セロトニンなどが出て、頭が整理されて、すっきりしたり、気持ちが落ち着いたりします。

仕事で煮詰まったとき、嫌な気分になったときも、心と体が縮こまっているもの。とくに、仕事などでじっと座っている姿勢は、もともと体を動かしながら生きてきた人間にとって、不自然でストレスがたまる状態なのです。

仕事中、イライラ、悶々とした気持ちになったら、「ちょっとジュースを買いに」「お手洗いに」などと言って、席を立ち、少しでも歩いてみましょう。帰ってきたら、いくらか気持ちが切り替わって、思考も働きやすくなっているはずです。

普段の朝でも、家の近くを、朝日を浴びながら歩くのは、気持ちがいいものです。出勤時も、余計なことは考えず、胸を張って、心で「1、2、1、2……」と声をかけながら歩くことに集中すると、「今日もがんばろう!」と思えてきます。イライラや落ち込みが軽減されて、自己嫌悪に陥ることを防げます。体を動かせば、自己肯定感は勝手に高まるのです。騙されたと思って、歩いてみてください。すぐに騙されますから。

歩くと、体がほぐれて血行がよくなり、表情も明るくなる

60
The magic of "action"

「それにかかる時間」を把握して動く

いつも時間に余裕のある人、いつもバタバタしている人。

当然、前者のほうが、自己肯定感は高いものですが、この違いはなんでしょう?

待ち合わせによく「ちょっと遅れる」と連絡する人は、遅れる原因について「自分は支度が遅い」「時間にルーズ」などと自分を責めているかもしれません。そして、「このままでは信用されなくなる」「これからは10分前行動!」などと自分にプレッシャーをかけ、重要な場面では改善できても、基本はあまり変わらないはずです。

時間に余裕のない最大の原因は単に鈍いからではなく、「それにかかる時間」をちゃんと把握していないからです。時間を見積もっていても、支度時間や移動時間を適当に考えていたり、ギリギリの時間設定だったりするので、ちょっと遅れることになります。

余裕のある人は、自分のキャパシティから、かかる時間を把握しています。

先日、友人に「近くまで来たから、一緒にランチしない？」と連絡したら、「いま起きたばかりだから20分待って。5分でシャワー浴びて、10分でメイクして着替えるから」との返事。きっかり20分後に颯爽と、満面の笑顔で現れました。

もし、時間の把握ができない相手なら「急に言われても困るー」となるでしょう。

仕事を依頼されたときも、余裕のある人は「その作業は2時間もあればできますけど、いま急ぎの仕事があるので、夕方までに」などと見通しを立てられます。

バタバタな人は「もういっぱいいっぱいです！」とパニックになるかもしれません。

「○分あればできる」と現実的な見通しが立てば、落ち着いて行動できるのです。

スケジュールを立てるときは、これまでの自分の行動パターンから「自分だったら○○分くらいかかる」と考え、なにかあったときのために余裕をもたせましょう。

時間に振り回されるのではなく、〝自分〟との折り合いをつけていけばいいのです。

時間に余裕がないと、焦りや不安が生まれやすくなる

61

The magic of "action"

アウトプットの場を用意して、得意技を磨く

なにかひとつでも自分の〝得意技〟があることは、自信になるものです。

語学、ランニング、料理、絵、マッサージ、楽器、歌、写真、歴史に詳しいなど、スキルを磨くのはそれ自体が楽しく、自己アピールのポイントにもなるでしょう。

ただ、これからなにか得意技を身につけたい、自分になにかインプットしたいと思うなら、先にアウトプットの場を用意することをおすすめします。

たとえば、「英会話を習得しよう」と本を買い、1日○ページと計画を立て、コツコツやろうとしても、なかなか上達せず、大抵は挫折します。先に英語でしかコミュニケーションをとれない人と友だちになって、会話やメールの機会を作ると、「自分はなにができて、なにが足りないのか」がわかり、必然的に英会話は上達します。

ランニングをするなら「ハーフマラソンに挑戦する」、絵がうまくなりたいなら「発表の

場を作る」、料理を習うなら「友人を集めて料理を披露する」など、先にアウトプットの場を作ると、やる気もわいて、達成感ももてます。

学んだことを、人に教えたり、ブログやSNSで発信したりするのもいいでしょう。

仕事のなかで「人前で話せるようになった」「不動産に詳しくなった」「文章が書けるようになった」など得意技を身につけた人たちは、先にアウトプットの場があったから。その場にふさわしいパフォーマンスをしようと、足りないところを補強したり、自分の良さを生かしたりしながら、経験値を上げてきたはずです。

アウトプットの量が増えると、自然にインプットの量が増えるのです。

経験や慣れが、信頼になり、自信のもとにもなります。「スキルを身につけて〜する」ではなく、「〜するためにスキルを身につける」とアウトプットのほうに重心を置いたほうが、成長はしやすいのです。

経験値を増やすと、自分の持ち札が増えてくる

第五章

俯瞰の魔法

自分と他人に対する視点を変えてみる

The magic of “bird's-eye view”

62

The magic of
"bird's-eye view"

視野が狭くなっているから悩んでいる

悩んでいるときの多くは、視野が狭くなっていて、「そこしか見えていない」からです。

そんなときは、いま自分が置かれている状況や他人を、少し距離を置いたところから、俯瞰《ふかん》してみるといいでしょう。

「俯瞰する」とは、第一章の「自分を客観視する」と似ていますが、少し違います。

空の上の鳥になって見るように、ものごとの全体像をとらえてみるのです。

たとえば、「職場に苦手な人がいて、嫌でたまらない」という人は、相手の嫌なところばかりがクローズアップされて見えているのではありませんか？

広い社会、長い時間からそこを見てみましょう。「あんな人はどこにでもいる」「異動するまでの、いっときのつき合いだ」「嫌なところは一部に過ぎない」と思えば、少しは気がラクになるはずです。

「仕事のプレッシャーで、追い詰められている」という人は、そのプレッシャーがものすごく巨大に見えて、のしかかっているはずです。

視野を広げて「時間が解決してくれる」「ほかの人に相談してみよう」「やめたくなったら、やめてもいい」と考えれば、解決策や逃げ道が見つかるかもしれません。

私がかつて「ダメな自分」だと自己嫌悪に陥っていたときも、狭い人間関係や環境のなかだけで、そこの価値観やルールにとらわれて生きていました。

それが、さまざまな人と交流したり、さまざまな本を読んだりして、視野が広がってくると、「なんだ。自分は自分のままでいいのだ」と思えてきたのです。人生を俯瞰して「まだまだ時間はある。これからなにかできるかもしれない」と希望の光も見えてきました。

そして、自分を小さな世界に閉じ込めていたのは、自分自身だったと気づいたのです。

「俯瞰する」という魔法を使えば、新しい自分の姿が見えてくるのです。

俯瞰すると、自分のことも、他人のことも、愛おしく思える

63

The magic of "bird's-eye view"

「相手の問題」「自分の問題」を区別する

「キツいことを言われた」「上から目線で嫌味を言われた」「無視された」など、他人から思わぬ攻撃を受けることがあります。

ついそれに反応して、心のなかで「そんな言い方はないでしょう」と相手を責めたり、「自分がなにか悪いことした?」と自分を責めたりしてしまいがちです。

しかし、ここで、ぐーんと空に上がって、その状況を、ドラマを見るように俯瞰してみてください。

もしかしたら、相手は、ほかに問題を抱えてイライラしていたのかもしれません。

育った環境やこれまで経験したことから、ゆがんだ言動になったのかもしれません。

うかがい知れない事情があるのでしょうが、そこは深く考える必要はありません。

ともかく、相手の言動に〝悪意〟が伴っているなら、それは「相手の課題」です。

とくに怒りやイライラなどの感情は、その人自身が解決する問題なので、真に受けてはいけません。適当に「そうですね」と聞き流しておけばいいでしょう。

ただし、相手の言葉から「自分にも改善する点がある」と思えば、その部分だけは「自分の課題」です。指摘を謙虚に受けとめて、自分の糧にしていきましょう。

ものごとを俯瞰して、「相手の課題」「自分の課題」を切り離して考えると、まわりに振り回されなくなり、自分の意見も言えるようになります。

「自分は嫌われてる?」「ダメな人だと思われてる?」などといった、まわりの目も、さほど気にならなくなります。相手がどう考えるかは、相手に任せておきましょう。

私たちの課題は、自分がどう考え、どう行動するかだけ。自分ができることに専念すればいいのです。「相手の心は、相手の問題」「考えても仕方のないことは考えない」と意識するだけで、自分を信じて行動できるようになるはずです。

私たちが明らかに見えるのは、自分の〝心〟だけ

64

The magic of "bird's-eye view"

「自分の正しさ」を疑う

人は、基本的に、自分の「正しさ」のなかで生きているので、意見を否定されたり、批判されたりすると、傷つくものです。自分のすべてを否定されたように感じてしまうこともあります。

ほんとうは自信がないのに、指摘されると落ち込んだり、認めてもらえないと苛立ったりする、いわゆる「自信はなくて、プライドが高い人」、ネットのなかで他人を攻撃している人、威張っている人、逆に自分を卑下する人など、他人に対して過度に反応してしまう人たちは、性質がまったく違うようで、ひとつの共通点があります。

それは、視野が狭いこと。「自分に見えていないものがある」「自分と違う人がいる」という前提に立てていないから、人の考えを受け入れられず否定してしまうのですね。

ものごとの全体像を俯瞰して「自分の正しさがすべてではない」と考えてみましょう。

すると、まず、人の話に聞き耳をもつようになります。「どうしてそう考えるのかな?」と相手の立場も考えるようになります。

「いや、自分はそうは思わない」ということもあれば、「そういう考えもあるな」ということもあります。そうして、自分の哲学や信念もできていきます。

「自分の正しさ」が自分自身を頑なにしていることに気づけば、人は成長していけるのです。

仕事や家庭のなかでも、「わかってもらえない」と嘆いたり、自分の意見を押し通したりするのではなく、「相手はなにを求めているのか?」「どうやって折り合いをつけていくか?」と全体像を見て、賢い解決方法を考えていけるでしょう。

「見えていないこと」を見ようとすることが、自分の世界を広げてくれるのです。

「頑固なこと」と「信念のあること」は似て非なるもの

65

The magic of "bird's-eye view"

自分のまわりのサポーターに気づく

世の中を見回してみると、人間そのものを否定する人は、ほとんどいません。

あなたが批判されることはあっても、それは自分の一部にしかすぎません。

「あの人は、私に辛く当たる」「私のことが嫌いなのだ」と思っても、その人があなたのなにを知っているというのでしょう。

「昔から、できる兄弟と比べられてきた」「会社のなかでダメな人と思われている」など、自分を否定されている思いがあるなら、「どうしてそう考えるのか」とその根拠を考えてみるといいでしょう。

だれかの適当な言葉だったり、小さな社会での価値観だったりするものです。

「だれもわかってくれない」「助けてくれない」と思っているときは、自分自身が否定的な目になっていて、ひとつの部分に執着しているのです。

同僚や友人のだれかに、話を聞こうとしてくれる人がいるかもしれません。自分に辛く当たる相手でも、ある面では助けてくれていたり、成長の糧になっていたりするかもしれません。自分がやわらかくなれば、わかってくれることもあるでしょう。「否定」というフィルターをはずして、とりあえず「肯定してみる」と、世界がまったく違って見えてきます。

電車に乗っていると席を譲ってくれる人や店でなにか尋ねると親切に教えてくれる人もいます。体調が悪ければ、助けてくれる人たちもいます。

世の中には心やさしい人たちがたくさんいて、「否定する」という発想すらなく、受け入れてくれる人、助けてくれる人もいるのです。

私たちが生きていくには、見えない多くの人が支えてくれています。

そんなサポーターたちに気づいて、力を借りながら生きていきましょう。

視界が狭くなっていると、〝喜び〟より〝恐れ〟が強くなる

66

The magic of "bird's-eye view"

対立したら「共通の目的」を見つける

週末に彼女とディズニーランドに行くか、温泉に行くかでケンカになり、「結局、行かなかった」という友人がいました。

笑ってしまうような、バカバカしい話ですが、このようなことは往々にしてあることなのです。

たとえば、夫婦が子どもの教育やお金の使い方で意見が対立して、仲が悪くなったり、職場で意見や価値観の違う人同士が派閥をつくり、足を引っ張り合ったり。

自分の意見が通らないことに疲れて匙を投げることや、相手に憎しみや嫌悪感をもつことはあるでしょう。

これも、全体像を俯瞰してみるといいでしょう。

そこには、なにかしら「共通の目的」があるはずです。

旅行先の意見が対立していても、「楽しい時間を過ごしたい」という目的は同じ。夫婦であれば「子どもに幸せな人生を歩んでほしい」、会社であれば「社会に貢献したい」「利益を生みたい」など、同じ目的があるでしょう。

同じ〝目的〟に向かって進んでいる同士なのに、〝手段〟が違うといって、敵のように対立してしまうのは、バカバカしい話なのです。

「ほんとうの目的はなにか？」と本質を見据えると、過剰に反応しなくなります。

そして、つぎのポイントは、意見が対立しても、相手の考えを否定しないこと。

「相手」を理解できなくても、「相手には相手の考えがある」ということに理解を示しましょう。「あなたはそう思うのですね」と肯定すれば、相手も聞く耳をもちます。

話し合いで解決するかもしれないし、譲歩することで、つぎにつなげる一手になるかもしれません。憎しみの虜になっては、すべてが台無しになることを忘れないでください。

自分の意見を通したいなら、戦うのではなく、味方にする

67

The magic of "bird's-eye view"

結果が出なくても「焦らず、コツコツ」

仕事でも、趣味でも、勉強でも、スポーツでも、「やれば、結果が出る」と実感することは、私たちに自信を与えてくれますが、反対の「結果が出ない」という状況は、自信ややる気を少しずつ奪っていきます。

たとえば、「同期は評価されたり、数字が出たりしているのに、自分は結果が出せていない」「英会話の勉強で、最初はぐんと伸びたのに、いまは停滞しているように感じる」ということがあるでしょう。

そんなときに、やってはいけないのは「焦って行動を変えること」です。

「自分は努力が足りない」とさらにがんばりすぎたり、「ほかの道があるのでは」と大きく方向転換しようとすると、大抵はうまくいかず、焦りのワナにはまります。「自分はダメだ」「才能がない」と自分を否定するのも、やってはいけないことです。

やるべきことは、「焦らず。コツコツ」ということだけです。

試行錯誤や工夫はしても、大きな目的から目を離さないでおきましょう。

俯瞰してみると、「結果を出し続ける」ということは、めったにありません。

低迷期というのは、だれでもあるもの。結果が出ない時期が、いちばん成長しているときで、あとになったら大きな財産になる、ということもあります。

白状すると、私も、「結果が出ない」ということは山ほどありました。1年近く、病気で書けなかったこと、何か月もかかってやった仕事がボツになったこともあります。

トンネルに入って出口が見えないような状況でも、淡々と進んでいると、あるとき光が見えてくるときがあります。そのときの喜びは、トンネルを通らないと得られないもの。

気持ちを上げなくても、大きく下げないで進むことが低迷期を過ごすコツです。

カンタンに結果が出ないことだからこそ、やる価値もあると思うのです。

低迷期にいちばん必要なのは、どこまでも自分を信じ続けること

68

The magic of "bird's-eye view"

成功しても失敗しても一喜一憂しない

いまから五十年ほど前、「大学に行くと、バカになる」と言われていたことがあったそうです。その時期は、大学進学率が低くて、大学に合格、入学できたということは、ひとつの〝成功〟だったと思われます。

おそらく「バカになる」と言っているのは、手足を動かして生きる知恵とスキルを身につけてきた人たちで、本ばかり読んでいる人を「使えない」と感じたのでしょう。

多数が大学進学する現代では通用しない言葉ですが、たしかに、そんなリスクはあるのです。私自身も田舎暮らしをして、薬草の知恵をもっていたり、保存食を作ったりする人を見て、「自分は知らないこと、できないことが多い」と思いましたから。

「なにかを得ることは、なにかを失っていること」だと痛感したのです。

逆に、「なにかを失うことは、なにかを得ていること」ともいえます。

失業した人が「商売を始めて成功した」「家族が一致団結した」「旅に出て、結婚相手を見つけた」など、禍転じて福と為すのは、よくある話。挫折して、謙虚になれた、たくましくなれた、人の気持ちがわかるようになったということもあるでしょう。

人生を俯瞰してみると、「成功」「失敗」というのは、〝通過点〟にすぎず、過剰に一喜一憂することでもないとわかります。道はこれからも続いていくのですから。

本当は「成功」「失敗」など存在せず、自分で判断しているだけかもしれません。

もちろん、うまくいったら大いに喜びましょう。ただし、それだけに執着すると、天狗になったり、足をすくわれたり、過去の栄光を引きずることになるので用心して。

人は、うまくいかないことを悲観的に考えすぎる傾向がありますが、そんなときこそ楽観的に歩いていきましょう。どんな道でも「いいことも、そうでないこともいろいろあるよね」と笑いとばしながら進みたいものです。

経済的なゆたかさ、便利さの裏で、失っているものもある

69

The magic of "bird's-eye view"

「あたりまえ」に感謝する

人は失ってから、大切なものや、ありがたいものに気づくといいます。

病気になったときに「もっと健康に気を使っておけばよかった」、親や大切な人をなくしたときに「もっと大切にしてあげればよかった」などと思う人もいるはずです。

先日、建てたばかりの家を水害で流された若い家族がテレビに出ていました。

「あたりまえの普通の生活が、ほんとうに幸せだったと感じますね」

と言っていた女性の表情が、それほど悲観的でなかったのは、家族が無事で、ほんとうに大切なものが残っていることが救いだったのかもしれません。

「諸行無常」という言葉は、「すべてのものは永久不変ではない」という意味です。あたりまえのことですが、私たちはそれを心で理解して、留めておくことが苦手です。あたりまえのことは空気のようになって、なかなか目を向けられないのです。

「諸行無常」は、「いまあるものは、なくなるよ」という悲観的なものではなく、「あなたはかけがえのないものをもっているよ」とも解釈できるでしょう。

別れの前には、その人との出逢いや大切な時間があります。怒ってくれる人がいること、話す人がいること、仕事ができること、食べられること、本を読めること……。そんな、なんでもないことの尊さに、失ってからではなく、失う前に気づけたら、いまよりもっとゆたかな気持ちになり、大切なものに心をかけることができるでしょう。

ときどき「これは永遠ではない」と意識して、あたりまえのことに感謝しませんか。

そして、私たちがもっとも大切にするべきあたりまえは「自分自身」。「人生の時間」にはかぎりがあります。自分をむやみに傷つけたり、嫌ったり、卑下して扱ったりすることは、本来、あってはならないことなのです。あとで「もっと自分を大切にすればよかった」とならない前に、自分の命を大いに喜ばせようではありませんか。

どんな命も、かぎりがあるから、うつくしく輝く

70

The magic of "bird's-eye view"

あらゆる競争ゲームから卒業する

現代社会は、学校教育、資本主義社会など、人を競わせるのが大好きです。

人は、無意識に他人より優位に立ちたいと考える性質があるので、そんな競争に勝てば喜び、負ければ、「自分はダメだ」と落ち込むこともあります。

同級生に対して自分より収入が多いから「負けた」、いいパートナーがいるから「負けた」、ＳＮＳで充実した生活を見せられたら「負けた」と敗北感をもつかもしれません。

そんな〝競争ゲーム〟に、たとえ勝っても「もっと、もっと」と続くでしょう。

もし、少しでもそんな気持ちがあるなら、少し目を閉じて、１００年後からいまの状況を見てみるといいでしょう。

そもそも、競争はあったのでしょうか。

それは勝たなければいけないものだったのでしょうか。

もちろん、小さな競争はたくさんあって、それで成長できたこともあるでしょう。

しかし、人間や人生そのものを競うゲームではなかったはずです。

「競争などない」と考えると、自分の道を進めるようになります。

本当に自分を喜ばせる生き方をしている人は、他人ではなく、自分自身の道で闘っている人です。自分を高め、究めていくために、部分的に競争を利用しているのです。

ほんとうの満足を得たいなら、優秀であることや、人に勝つことより、自分に正直であることのほうが大事。自分のほんとうにやりたいこと、幸せを感じることを知って、そこに心をかけ、時間とお金を使っていくのです。

妄想のような競争ゲームに振り回されたり、一喜一憂したりしているヒマはありません。

他人とのあらゆる競争ゲームを卒業して、自分の最高の物語をつむいでいくことに専念しようではありませんか。

他人と競った時点で、自分自身とのゲームは負け

第六章

想像力の魔法

イメージして、
現実的に対処する

The magic of “imagination”

71

The magic of "imagination"

「夢の中を生きている（夢中で生きている）」と意識する

人は「夢の中を生きている」のではないかと思うのです。寝ている時の夢だけではありません。目が覚めていても、動いていても、意識的でも、無意識でも、私たちは絶えず「こうしたいな」「こうなったらいいな」と夢を見続けています。

私たちのやっていることは、「なにを思い、なにを選択し、どう行動をするか」の繰り返しで、頭のなかは夢と現実を行ったり来たりしながら生きています。

とくに無意識で、よくも悪くも「自分はこんな人だ」「自分の人生、こんな感じ」などと思っていることは、選択と行動に大きく深く影響して、広く考えると、思った通りの人生になっています。頭も体も、決められた設定に従って動くのです。

世界を変える発明をした人は、野菜を作る生活を夢見ていたわけではないでしょう。寝ても覚めても「発明が生まれる瞬間」を夢見て、没頭してきたはずです。

野菜作りをしている人は、「質のいい野菜ができること」や「みんなが美味しく食べていること」を夢見て、畑を耕したり、種を植えたりしているでしょう。

ジムで体を鍛えている人も、ボランティアをしている人も、旅をしている人も、恋愛をしている人も、だれもがなにかの夢を見て、夢中になっています。

現実に現れていることは案外、正直なもので、口ではいろいろ言っても、言わなくても、その人の表情や雰囲気、着ているもの、住んでいる場所、つき合う人、これまでなにに時間やお金を使ってきたかなどを見ると、なにを夢見てきたのか、わかるものです。

いずれにしても、人生は夢そのもの。いい夢を見ましょう。そして、せっかく夢を見るなら、とことん自分を喜ばせて、自分を好きになれる夢を見ませんか。

この章では、自分を好きになる「想像力の魔法」についてお伝えしましょう。

想像力が、人生をゆたかにしてくれる

72

The magic of "imagination"

夢中になることを見つける

この本を読んでいる人のなかには、「夢は夢にすぎない」「そんなにうまくいかない」という人もいるかもしれません。ここから「想像力の魔法」が効く、いくつかの条件についてお話ししましょう。まず、あなたにお聞きしたいのは、「その夢は、あなたが夢中になれることですか?」ということです。

夢中になれることとは、真に求めていること。意識して考えようとしなくても、つい考えてしまうこと。無理してがんばらなくても、動き出してしまうことです。

私の夢は、30代半ばまで「人並みに仕事をして、人並みに暮らすこと」でした。「人並みであることが、人から認められ、幸せに生きる道」だと思い込んで生きた末路は、ヘトヘトに消耗し、「なにをやってもダメな自分」と自分を責める日々でした。

そこで、「どうせうまくいかないなら、思いっきりやりたいことをやろう」と開き直って大それた夢を描いてから、不思議なほど次々と叶うようになりました。

好きな場所を旅するように暮らすこと。本を書くこと。留学すること……。「こんなことをしたい」「もしかしたらできるかも」と夢中で走ること自体が楽しかった。

夢中になることは、趣味でも、学びでも、遊びでも、なんでもいいのです。

あなたが、夢中になれるものがないというなら、子どものころに夢中になっていたことを思い出してみるといいでしょう。外に出ると、なにかに出逢って「こんなことをしてみたい」「あんな生き方をしたい」とワクワクすることがあるかもしれません。

「まさか自分が店をもつとは思ってもみなかった」「まさか海外で暮らすなんて」と言っている人は、偶然見つけた〝夢の種〟を、夢中で育ててきた人たちなのです。

どんな人にも夢中になることはあります。何歳からでも夢は描けます。

「夢中になること」をやっていれば、だれがなんと言おうと、その人は幸せです。

人は「夢中になっている自分」が好きなことは、間違いない

73
The magic of "imagination"

「自分なりの戦略」を見つける

「やりたいことがあるけど、自分なんかムリだろうな」と思っていませんか?

もちろん、能力や、向き不向きはあるでしょうが、それだけともかぎりません。

たとえば、何度も婚活パーティに行ってもうまくいかないとき。「どうせ自分なんか」と自信を失くすことはありません。

50代の女性で、「夫婦で海外移住する」という夢を叶えたいと婚活をした人がいました。「私は年齢的にも条件がよくないし、自分なりの理想があるから、簡単なわけがない。マッチングアプリで広く探して、よさそうな人を見つけたら、積極的にいきましたよ」

成功率は低いだろうと、腰を据えて気長に打数をこなすつもりでいたら、ターゲットを絞ったおかげで、意外に早く見つかったとか。もちろん、そんなにうまくいかない場合もあるでしょうが、「なにかしら手段はある」と思うことが大事です。

夢を夢で終わらせる人、夢を現実にしていく人の決定的な違いは、「自分に合った戦略を立てているか」ではないかと思うのです。

三千メートル級の山に登ろうと思ったとき、登山家になったつもりでイメージトレーニングをして登っても、遭難するのがオチ。「いまの自分ではむずかしいけれど、きっとできる方法があるはず」と、自分の実力をわかって筋力トレーニングをしたり、人の力を借りたり、負荷のかからない道具を見つけたりと、工夫するでしょう。

「どうせ自分はダメだから」「あの人みたいになれないから」とあきらめずに、ダメならダメなりの方法を見つけることです。

「思い描けば叶う」というのは、単に「そうなったらいいな」と目的地だけを思い描くことではなく、「こんな自分がたどりつくには？」と道筋を思い描くこと。

そんな道も行ってみなきゃわからないので、とりあえず進んでみるしかないのです。

自分にしか進めない唯一の道がある

74

The magic of "imagination"

「なにかのせいにしない」と決める

「やりたいことがあるんだけど、お金がなくてね」「親孝行をしたいけど、なかなか時間がとれなくて」などと言っている人がいますが、少し厳しいことを書くと、そんな人たちは、お金があっても、時間があってもしないものです。

それは、お金や時間の問題ではなく、「言い訳をするクセ」の問題だからです。

行動力のある人からみると「なんでやらないの？　すぐやればいいでしょ」で片付けられそうですが、言い訳をするクセは、「できる」という想像力を乏しくさせるのです。

反対に「できない」という方向性の想像力は高まります。

「環境が整ってないから」「才能がないから」「年だから」「運がないから」「あの人がこう言ったから」と、責任転嫁する材料はいくらでも出てきます。そして、「できないのは、しょうがないことなのだ」と自分を正当化することで落ち着きます。

かつて言い訳の常習犯だった私は、ある時期、「やりたいことに対しては、言い訳はしないこと」に決めました。単純に、言い訳はカッコ悪いと思ったこともありますが、言い訳した時点で、〝手に負えないこと〟になってしまうからです。

たとえば「どうしても行きたい場所がある」というとき、「忙しいから」などと言い訳せずに、無理矢理でも、その日を決めて、飛行機のチケットを手配します。するると、必死で仕事を終わらせて準備するもの。なんとか方法を編み出すのです。

過去のうまくいかなかったことも、失敗も、なにかのせいにするのはカンタン。でも「身から出た錆」と思えば、成長する機会も、「つぎは大丈夫」という希望も生まれます。人のせいにしなければ、人を恨まなくても済み、心は穏やかです。

なにかのせいにしないと決めるだけで、自分次第でなんとでもなるものだと思えて、自然に動き始めるのです。

言い訳をしないことは、自分の人生のハンドルを握ること

75

The magic of "imagination"

責任のとれることなら、なんでもやっていい

私たちは、生まれてから最期までの時間、なにをやってもいいのです。責任をとれることであれば。

この「責任」という言葉、「責めを任せる」と書き、重たく感じます。

自分で決めたら自己責任、新しいことを提案したら結果責任、リーダーになったら組織の責任を問われ続ける……。なにかを求めれば、責任が重くのしかかって、「責任をとりたくないから、余計なことはしないでおこう。言わないでおこう」と恐れて縮こまってしまうこともあります。

しかし、それでは「自分の人生に対する責任」はどうなるのでしょう。

自分の幸せや満足に責任があるのは自分だけ。なのに、やりたいことをやらないで「責任をとりたくない」と逃げていては、自分の満足は得られないでしょう。

「責任をとるなら、なんでもやっていい」と決めると、想像力と判断力が研ぎ澄まされてきます。「その程度の責任なら、大したことはない」と思えることもあります。

「自分がやりたいことを選択している」と自由で主体的な感覚になってきます。

たとえば、夜遅くまで飲んでいて「明日は辛いですが、ちゃんと仕事しますよ」と責任をとるなら、飲み続ければいいでしょう。

転職をしたいと考えたとき、「万が一うまくいかなくても、仕事はいくらでもあるからどうにかしますよ」と思えるなら、転職すればいいのです。

「いやいや、そんなリスクは避けたいです」というなら、それも責任のある選択です。「責任」とは、結果を受け入れることであり、現実的に対処すること。大好きなもの、やりたいことの責任なら、喜んで引き受けましょう。どこに住んでもなにをしても、だれと付き合ってもいい。どんな人生を歩いてもいい。自分を好きになれる選択をしたいものです。

自分を好きになる選択をすれば、責任は苦にならない

76

The magic of "imagination"

なりたい自分を鮮明にイメージする

「カッコいいかどうかが、僕の判断基準です」と言っていた男性がいました。

子どものころから「カッコいい大人になりたい」と思っていたのだとか。

ナルシストのようですが、外見やしぐさなど自分に酔っているのではなく、たしかにやることなすこと、カッコいい。女性や弱い立場の人を気遣う。すごいことをやっていてもまったく自慢せず謙虚。人を喜ばせて颯爽と去る……というように。

「こんな自分でありたい」という自分の〝美学〟をもっている人は魅力的です。

自分の美学に反するようなことはしないだろうという安心感、信頼感もあります。

女性であれば「うつくしいかどうか」という判断基準もあるでしょう。

清潔感がある。言葉遣いがきれい。人を責めない。思いやりがある。落ち着いた笑顔など、内面のきれいな女性もやはり「こうありたい」という信念をもっています。

自分を好きになるためには、人と比べたり、競争したりするより「こんな自分でありたい」という美学をもつことです。そのイメージが鮮明な人ほど、自分軸がしっかりしていて、選択を迷いません。自分のことが信じられて、他人のものさしに振り回されることもありません。

もし、そんな方向性が見えなければ、「あんな人になりたい」と尊敬する人、あこがれる人になりきって選択・行動するのもいいでしょう。「あの人ならどうするだろう」とイメージするのです。「ポジティブになりたい」と考えるより、「あの人のポジティブな対応はいいな」「あの前向きな言葉はいいな」などマネしたほうが、実現性が高いでしょう。

うまくできなくても「ダメな自分」と落ち込むことはありません。

「これは自分には無理がある」「これは採用！」と、自分だけの〝教科書〟を作るように、「こうありたい自分」を描いていきましょう。

「こうありたい」をどんどん試し、どんどん取り入れる

77

The magic of "imagination"

仕事でも人生でも優先順位を3つに絞る

私たちは、ついつい「目の前のこと」に反応してしまうため、ほんとうに優先するべきことの優先順位が低くなっていることが多々あります。

たとえば、仕事で「雑多なことでバタバタしていて、大事な仕事が終わっていない」はよくある話。「緊急性はあるが重要性はないこと」を優先してしまうのです。

この原因は、優先するものを明確にしていないこともありますが、口では「〇〇が大事」と言っても、無意識に別なことを序列の一位にして行動していることにあります。

「家族がいちばん大事なのに、関係が壊れている」「旅行したいのに、いつもお金がない」「試験に受かりたいのに、インターネットで時間を浪費」などと言っている人も、「別なことが序列の一位になっていないか？」と考えてみるといいでしょう。

意外に優先順位の低いことに、多くの気力と体力を使っているものです。

「優先順位」と「行動」が一致して、大事なことに時間とエネルギーとお金を集中させれば、多くのことが最短で実現するはずです。

「そうはいっても、次々にいろんなことが舞い込むし、やりたいことがたくさんある」という人は、仕事や生活でも、優先するものを3つに絞ることをおすすめします。

優先順位はいつでも変更可能。あれもこれもでは、なにも得られないのです。

まわりの価値観ではなく、「いまの自分にとってはこれが大事」「今日の仕事はこれが大事」と価値あるもの、自分を喜ばせてくれるものを明確にしましょう。優先順位をいつも意識していると、意志や努力に頼らなくても、そこに自然に時間をかけるようになります。

優先順位の低い目の前のものは、早めに切り上げたり、手放したりするでしょう。

人生において、大切なものを大切にすることがいちばん大切で、それが自分を大切にすることにもつながるのです。

「健康」「学び」「大切な人」を後回しにしない

78

The magic of "imagination"

最高の「こうなる」を映画のワンシーンのように描く

イメージすることは、現実を引き寄せてしまうほどの念力があります。

「脳は現実の出来事と、現実と同じくらい鮮明に描いたイメージは区別がつかない」といいます。すっぱいレモンを思い浮かべると、唾液が出てくるのは、イメージの設定で脳が指令を送り、体がそれに従って反応するからです。

トップアスリートは、最高のパフォーマンスを繰り返しイメージして、筋肉の動き、呼吸の仕方、そのときの感情まで五感を使って体全体に刷り込みます。細かくリアルにイメージすることで、実際にそのイメージと同じように行動できるのです。

私も想像力の魔法を強く実感しているので、本を書くたびに「書店で私の本を手に取っている人」の姿をまるで映画のワンシーンのように鮮明に思い浮かべています。

本によって「どの場所に本が置かれているか？　どんな人が読んでいるのか？　どんな

表情か?」が違って、その設定によって日々考えること、会う人、行く場所が変わってきます。実際にそのイメージがピシャリと実現することも、少し違うこともありますが、大事なのはイメージに従って「いま」を生み出すことかもしれません。

リアルにイメージすれば、その一点に向かって現実は動き出します。自然に「そのためにどうすればいいか?」と考え、行動が変わり、人や情報が集まってくるのです。

プレゼンテーションや新しい仕事を成功させたいとき、転職や結婚をしたいとき、趣味や遊びでなにかの目的を叶えたいときなど、思いっきりワクワクするようなイメージを、鮮明に思い描くといいでしょう。

大事なポイントは「まさかね……」などと疑わず、信じ切ること。「私なんか……」と悲観的なことは考えないこと。「やることをやっていればそうなる」と信じて、とことん楽観的に、リアルにイメージすること。そして、一日に何度も何度も思い出すことです。

与えてもらうには、「なにが欲しいか」をハッキリさせること

79

The magic of "imagination"

将来が不安なら、むしろ「最悪」をイメージする

将来のことを思い描くとき、なにかに挑戦するとき、最高の「こうなる」をイメージするのは大事なことですが、一方で「最悪、こうなったら……」ということを一応想像しておくのも大事です。

「万が一」を想定しておくことで、安心して前に進めるのです。

たとえば、私は二十代のころから「仕事がなくなったら、どうする?」「お金がなくなったら、どうする?」「体が動かなくなったら、どうする?」と具体的に考えていました。〝具体的〟に考えることが大事で、漠然と考えるから不安になるのです。

最悪の事態を突き詰めて考えると、「こんな仕事ならできそう」「月、最低○万円あれば生活できるだろう」と、生きていく手段はいくらでもあることがわかります。

そして、不思議と「いくらなんでもそこまでダメにならないだろうが、万が一そうなっ

てもどうにかなる」と明るい気持ちになってくるのです。

少し極端かもしれませんが、私が子どものころ、ケガや失敗、ひどい成績などよくない事態が起きたときに、母によく言われていたのは「死ななければいい」でした。

そのためか、大人になって無謀な挑戦をするときも、「いくらなんでも死ぬことはないだろう。死んだら終わりだが、生きてさえいればなんとかなる」という気持ちが心の片隅にありました。想定外の悲惨な状態に陥ったときも、そこまで深刻にならず、早めに立ち直ってこられたのは、すぐに「なんとかなる」の筋書きを描けたからです。

また、最悪の事態を想像すると、「そうならないためにはどうすればいいか?」も具体的に考えるようになります。「無職にならないために、つぎの一手を用意しておく」「体を壊さないために~する」「離婚しないために~する」というように。

最高のことを強くイメージしつつ、最悪の事態も心の片隅に置いておきましょう。

逃げ道を用意しておくのは、大人の処世術

第七章

貢献の魔法

だれかの役に立つ

The magic of “contribution”

80

The magic of
"contribution"

だれかのためになることが、もっとも自己肯定感を高める魔法

人は「だれかの役に立っている」と感じたとき、いちばんの幸せを感じるものです。

たとえば、重い荷物をもっている高齢の方に「私がもちますよ」と声をかけて手伝い、「ありがとう！　ほんとうに助かりました」と笑顔が返ってくると、こちらのほうが幸せな気分になります。そして、自分を自然に好きになります。

相手が少しラクになったのもうれしいものですが、「声をかけられた自分」や「相手の役に立てた自分」に対して満足感、幸福感を得られるのです。

「だれかがやってくれるだろう」「自分には関係ない」では、この満足感はもてないばかりか、自分を嫌いになることもあるでしょう。

それに、人は「自分だけのため」では、がんばることに限界があります。

「仕事で、どんなときに喜びを感じるか？」と聞くと、多くの人は「やっているこ とが、

だれかの役に立っていると実感できたとき」「お客さんに、ありがとうと言ってもらえたとき」と答えるでしょう。「私なんか、なんの役にも立っていない」「だれからも感謝されない」と感じていては、やる気も、自己肯定感もなくなっていきます。

しかし、ほんとうは、だれかの役に立っているなにかがあるはずなのです。

「自分は迷惑をかけてばかりで、ダメな人間」と思っていても、笑いかけるだけで、生きているだけで、だれかが救われることがあります。

人は本能的に「人の力になる喜び」を求めて生きています。

「だれかのため」を意識すると、自分もまた多くの人に支えられていると気づきます。

人の喜ぶ顔を見たとき、自分も幸せを感じられて、喜びは何倍にもなります。

自分とは関係のない人の幸せにも「それはよかった」と反応するようになります。

「だれかのために」は、人も自分も好きになる魔法なのです。

自分はこの世界に必要とされている

81

The magic of "contribution"

「小さな貢献」を見つける

人に貢献することは、特別なことをすることではありません。

いま、「私たちがもっているもの」で、じゅうぶん、なにかができるはずです。

かつて田舎で一人暮らしをしていたとき、私は病気がちで、手足が思うように動かない状態でした。ゴミ出しから、草取り、食事まで、まわりの人たち、多くは高齢者に助けられていて、「自分はなんのお返しもできない」と思ったものです。

そんな私に、ある方がこう言ってくれました。

「あなたがいてくれるだけで、みんなが元気になれる」と。「あなたが、なにもないこの場所を好きだと言ってくれたことが、嬉しかった」と言われたこともありました。

そんなことで貢献できているのかと、心から救われたのを覚えています。

人は、自分が役立てるポイントを見つけると、「ここにいてもいい」という気持ちになって、居場所ができるのです。

仕事で、自己肯定感が低くなっている人は、まわりを見渡して「なにかできることはない？」と考えてみるといいでしょう。

忙しい人に「手伝いますね」と手を貸したり、疲れている人に「大丈夫ですか？」と声をかけたりするだけでも、喜んでくれるかもしれません。お菓子のお裾分けをする、メッセージに労いの言葉を添えるだけでも、笑顔になってくれるかもしれません。

自分を好きになれない人は、ドアを開けてあげる、電車で席を譲る、エレベーターで「お先にどうぞ」と声をかけるなど小さな親切を心がけましょう。

小さな貢献を探していると、「相手が求めていることは？」と考えるクセができていきます。相手の求めていることを提供する。同様に、嫌がることはしないようにする。そんな思いやりのある小さな行動が、自分への肯定感になっていくと思うのです。

有意義な〝力点〟を見つけると、自分を信頼できるようになる

82

The magic of "contribution"

「善いおこない」はこっそりする

車で数十分離れたところに、無人の温泉があります。

ある日、そこに行くと、よく知る五十代の男性が、掃除をしているところにばったりと出くわしました。聞くと、二十年ほど前から毎日掃除に通っているとか。

このように、だれに褒められるのでもなく、見返りがあるわけでもなく、よいことをやっている人には頭が下がります。

ほかにもトイレの水回りを、つぎの人のためにと掃除する人、自転車をきれいに並べている人、みんなが使う場所にそっと花を飾る人、職場の共有スペースを片付けている人など、黙ってやる姿は、ほんとうにカッコよく、尊く感じられます。

そんな人たちは「なにかメリットがある」と考えるわけではなく、これまでの教育や経験や、自分の理想から、「ただ、やれることをやっている」という思っているはずです。

これが「自分がやったんだけど、気づいた？」などとアピールされると、せっかくの善行が台無し。評価も「結局、認められたいのね」となるかもしれません。

「陰徳あれば必ず陽報あり」という言葉があります。ひっそりと善いおこないをしていると、いつかいいことが起こるという意味ですが、いいことは、その人のまわりに対する〝情愛〟や、自分に対する〝誇り〟など心の積み重ねによって起こるのでしょう。

「人が見ているときになにをするか」より「人が見ていないときになにをするか」が重要。だれも見ていなくても、その姿は、自分自身がいちばんよく見ています。

だれにも認められなくても、いいことをする人は、自分で自分を評価できます。「人が見ているからやる」「評価されるからやる」だけの繰り返しでは、つねに自分の価値判断を人に委ねることになります。私たちの心がほんとうに欲しがっているのは、「感謝」でも「称賛」でもなく、「自尊心」なのかもしれません。

「人の役に立てる喜び」は生きる力になる

83

The magic of "contribution"

「やってあげる」と思ったら、やらない

「見返りを求めてはいけない」「無償の愛もある」などといいますが、そんな神のような慈悲深い心になれるのでしょうか。

ボランティアに精を出している人や、親切な人でも、家族や恋人、同僚、友人など身近な人に対しては、「私はこんなにやっているのに」と相手に対して〝見返り〟を求めてしまうことがあります。たとえば、苦労して同僚の仕事を手伝ったのに、自分が大変なときは手伝ってもらえないとき。恋人や友人の誕生日に、歩き回ってプレゼントを選んだり、サプライズを考えたのに、ドタキャンされたときなどなど。

もちろん、ビジネスのように「ギブ&テイク」にならないことはわかっているけど、「もう少しなにかあってもいいんじゃない?」と不満になるわけですね。

この見返りを求める気持ちの正体は、単に「与えたものを返して」ではないのです。

「相手の役に立ってつながりたい」という帰属欲求や「認めてほしい」という承認欲求など、どんなに心のきれいな人でももつ人間の根源的な欲求からくるものでしょう。

自分は相手を大事にしているのに、相手から「軽視されている」「尊重されていない」と思うと自尊感情が傷つきます。ならば、「見返りを期待しない」ではなく、「つい期待してしまうから気をつけよう」が現実的な解決でしょう。

心がけてほしいのは、「やってあげる」と恩着せがましい気持ちになったら、やめること。

「これ以上やると、恨みがましい気持ちになりそう」と思ったらストップ。「自分がやりたいから、やらせて」と思えば、気持ちよくやりましょう。

そもそも、自分で勝手にやっておいて「お返しがないですが」というのはおかしな話。期待する反応がなかったら「求めすぎかも」と相手への期待値を修正しましょう。

「やりたくてやっている」気持ちが自分の心を守り、人に対する愛情につながるはずです。

「好きでやっている」と思えば、お返しは〝ボーナス〟になる

84

The magic of "contribution"

自分からあいさつする

初めて会う人でも、いつも会っている人でも、自分から進んであいさつをすることは、人を喜ばせる立派な行為です。


にっこりあいさつをされると、ほっと安心したり、明るい気持ちになったりするもの。

あいさつは「あなたの存在を認めています」というメッセージなのです。

先に声をかけた人のほうが、より大きな喜びを与えられることになります。

ときには、そっけない反応をされることがありますが、それでもあいさつをしていると、「あいさつをしている自分が嬉しい」と誇らしい心境になってきます。

せっかくあいさつをするのですから、できれば、あいさつにもうひと言加えるといいでしょう。たとえば、職場なら、「おはようございます。今日はいい天気になりましたね」、「昨日は遅かったんですか？」など、簡単なことでも〝好意〟が伝わります。

ひと言あるだけで、儀礼的なあいさつではなく、心がのった会話になります。

年下や新入りのアルバイトにも、「おつかれさま。調子はどうですか」「困ったことない？」、配送業者の人、掃除をしてくれる人などにも、「いつもありがとうございます。忙しそうですね」など自分から声をかけると、思った以上に喜んでくれます。

とくに、年上の人から声をかけられるのは嬉しいもの。「そうなんです。じつは……」などと返ってきて、あいさつがコミュニケーションに変わることもしばしばです。

もうひとつのポイントは、名前がわかっている相手なら、積極的に名前を呼ぶこと。「○○さん、こんにちは」「おつかれさま。○○さん、ゆっくり休んでね」など、名前を散りばめるのです。だれにとっても、自分の名前は、世界でいちばん重要な言葉。心をこめて呼べば、「この人は私のことを認めてくれている」と心に残ります。

あいさつをする。ひと言加える。名前を呼ぶだけで、あたたかい関係になるのです。

自分から心を開くと、相手も心を開いてくれる

85

The magic of "contribution"

「話し上手」より「聞き上手」を目指す

人と話すのが苦手という人は、「なにを話していいかわからない」「気の利いた話ができない」などと言うものですが、「話し上手」より「聞き上手」を目指してはいかがでしょう。話を聞くだけで、じゅうぶん、人の役に立つことができるのです。

どんな人も「自分に興味をもってほしい」「自分のことをわかってほしい」と思っています。自分の話に耳を傾けてくれる相手のことは、好きになります。

職場のなかでも一人、話を聞いてくれる人がいるだけで救われます。夫婦や親子など家庭でも、話を聞いてもらえれば、自分を解放できる癒やしの場所になります。

人は、話を聞いてもらうと、元気になれるのです。

ただし「聞き上手」というからには、ただ話を聞くだけではありません。

「それは違うでしょ」と否定したり、「そんなふうに考えるものじゃない」と諭したりすると、相手は途端に話したくなくなります。

相手に「この人と話すと楽しい！」「わかってもらえる！」と思ってもらうためには、相手に寄り添って共感することが大事。〝傾聴〟の感覚で「そうなんですね」「それはいいですね」「そんなこともあるんですか」と肯定的な言葉を返しましょう。

また、相手の〝感情〟に目を向けて、「それは嬉しかったでしょう」「ワクワクしますね」「びっくりしましたね」など、表情ゆたかに共感のリアクションをすると、親密なコミュニケーションになります。「それから、どうしたんですか？」「どうしてそんなことに？」「なにがよかったですか？」など話を展開する質問をするのもいいでしょう。「もっと話を聞かせて！」というサインになって、話が盛り上がります。

「相手を受け入れられる自分」は、心の器が大きくなったように感じられるもの。聞き上手は、喜ばせ上手でもあるのです。

相手を主役にして話せる人は、長い目で見るとトクをしている

86

The magic of "contribution"

相手自身も気づいていない魅力を見つける

「素敵ですね」「すばらしい」など褒められると、だれでも嬉しくなるものです。

自分の価値を認めてもらったようで自尊心が満たされて、やる気も出てきます。

褒めてくれる相手のことは好きになり、ネガティブな感情は抱きにくいでしょう。

相手のいいところを言葉にして伝えるのは、ひとつの貢献ですが、照れくさくてなかなか言えない。お世辞や社交辞令のようになってしまう人もいるかもしれません。

褒めは〝慣れ〟が肝心。まずは、「褒めよう」ではなく「この人のいいところはどこだろう?」と観察してみるといいでしょう。いいところがない人はいません。初対面でも「この人のいいところを3つ見つけよう!」というポジティブな視点で観察すると、「きっといい人だ」と好意的に思えてきます。

「姿勢がいいですね」「笑顔が素敵ですね」「服のセンスがいいですね」などなんでもいい

のです。同僚でも「仕事が速い！」「字がきれい」「気遣いがさすが」など「いいな」と思ったときにすぐに口にするのが、さらりと褒めるコツです。

また、効果的に褒めるなら、その人自身も気づいていないような魅力を見つけるといいでしょう。褒めるポイントはその人の「外見⇩行動⇩性質・能力⇩考え方・価値観」と本質に近づくほど心に響きます。

服やスタイルなど見た目を褒める人は多いものですが、「がんばりやさん」「やさしい」「柔軟な考え方」「まわりの人を大切にしている」など本人はあたりまえになっている内面に目を向けると、さらに喜んでもらえます。

相手の魅力を見つけようとすることが習慣になると、相手のことも、自分のことも好きになります。不思議なもので、ポジティブな視点は自分自身にも向けられます。「気づかなかったけど、自分のこんなところはいいな」などと思えてくるのです。

人を褒めていると、自分自身も認められるようになります

87

The magic of "contribution"

人の失敗や過ちを大目に見る

だれかがミスや失敗をしたとき、心では「なんでそうなるんだ」「自分にしわ寄せがくる」など苦々しく思っていても、明るく「大丈夫。なんとかなるよ」「どんまい。どんまい」など肯定的な言葉をかけてあげましょう。

第二章の「言葉の魔法」が効いて、大目に見られるようになってきます。心の器が大きくなったようで、「人を許せる自分っていいな」と思うようになるでしょう。

言われた相手も、ほっとして、いくらか救われるはずです。

人の失敗や過ちを大目に見て、許すことは、他人も自分も気持ちがラクになる、ひとつの〝貢献〟なのです。

ただ、自分を深く傷つけた人や、悪意のある言葉を投げつけたり、ひどい態度をとったりした人に対しては、許せないこともあるかもしれません。

「どう大目に見ようとしても許せない人がいる」と言っていた人がいました。「では、その経験をしたことで、よかったことはありませんか」と聞くと、最初は「悪いことしかない気がする……」と言っていても、「でも、あんなことがあったから、危険そうな人を察知できるようになった」「助けてくれる人と出逢えた」「自分はどんな人が嫌で、どんな人が好きなのかがよくわかった」など、利点も出てくるのです。

〝過去〟に目を向けると許せなくても、〝いま〟と〝未来〟に目を向ければ、なにかしら糧になっているとわかります。人を許せなくても、過去の出来事を「あれはあれでいい」と肯定できれば、少しずつ水に流せるのではないでしょうか。

人を許したり、水に流したりするのは、相手のためでなく、自分のため。ものごとを肯定しようとする心がけは、「ダメな自分」を肯定して好きになる道のりでもあります。いまを生きるために余計な荷物は必要ないのです。

過去のダメな自分を許すことは、未来の自分への最高のギフト

88

The magic of "contribution"

3割増しで「ありがとう」を伝える

人は「ありがとう」という言葉に自分の価値を実感して、喜んだり癒やされたりするもの。「ありがとう」は世界でいちばん、相手も自分も幸せにする魔法の言葉です。

しかしながら、感謝していても口に出さなかったり、儀礼的に無表情で言ったりしては、相手にちゃんと伝わりません。

〝3割増し〟で伝えるように心がけてはいかがでしょう。思いっきり笑顔で喜んだり、もうひと言あったりすると、嬉しさがより伝わります。

先日、店で買い物をして外に出ようとしたら、「ハンカチ、落としてましたよ」と追いかけてきてくれた男性がいました。少し強面で無表情な人でしたが、

「ありがとうございます！　助かりました。いい方に見つけてもらえてよかったです」

と大げさなくらいに言ったら、満面のやさしそうな笑顔になりました。

ただ感謝の気持ちを伝えたいという一心の言葉が、思いのほか喜んでもらえて、こちらも一日幸せな気分に。ただ親切にしてもらった喜びだけでなく、「ありがとう」で巻き起こった喜びが、さらに幸せにしてくれたのです。

小さなことにも、だれに対しても「ありがとう」を言っている人は、心も体も健康で、不安や怒り、嫉妬などの感情がなくなるという研究結果もあるとか。

レストランやコンビニなど普段は言わないような場面でも「ありがとう」、通路で避けてくれたら「ありがとう」、職場で書類を手渡されたら「ありがとう」。

苛立つ相手にも、面倒な相手にも、ことあるごとに「ありがとう」を伝えましょう。「ありがとう」の頻度も3割増しにすると、人の幸せに貢献できるだけでなく、世界が肯定的に、あたたかく見えてきます。「多くのものに支えられている自分」「ものごとを肯定する自分」を実感して、自分のことも好きになるのです。

いちばん身近な人に、いちばん「ありがとう」を伝えよう

おわりに

「もう少し、自分のことを認めてあげたら？」

「自分なりになんとか生きてきたでしょう？」

私はいまでも、自分自身に対して、そんな言葉をかけることがあります。

一瞬、「自分ってダメだなぁ」と不満に思うことは、だれでもあるでしょう。

それだけ自分に期待しているということですが、いちばんよくないのは、自分を認めることをせずに、ダメな人と思い込み、ダメな人として扱うことです。

「こんな自分っていいな」と自分に誇りをもてる場面は、いくらでもあったはずです。

なにかに一生懸命になったこと。挑戦したこと。苦しいときを乗り越えたこと。ちゃんと終わらせたこと。人を認めたこと。感謝できたこと。大切な人がいること。大切に思うなにかがあること……。

自分を好きになることは、どんな自分であっても、自分のよさに目を向けようとする〝意志〟の力によるものです。日々、自分の小さな「いいな」を集めていけば、いつの間にか自分への大きな信頼や愛が貯金のように貯まっているのです。

ぜひ、自分のなかにあるたくさんの「いいな」を感じ取ってください。

人は、〝喜び〟を与えてくれる人を好きになります。

〝喜び〟とは、「嬉しい」「楽しい」といった感情だけでなく、「ほっとする」「癒される」「自分でいられる」「元気がわいてくる」など、すべてのプラスの感情です。

自分に〝喜び〟を与えよう、〝喜び〟を感じようとする、ちょっとした考え方や行動が、自然に自分への「好き」になっていくはずです。

ぜひ、毎日の生活のなかにある、たくさんの喜びを味わい尽くしてください。

「足りない」ではなく、「もっている」と思うこと。

「できない」ではなく、「できることはある」と信じること。

どんなことがあっても「失望なんかするもんか！」と心で叫んで、胸を張って歩いていきましょう。

きっと、私たちがほしいものは、自分を信じた分だけ、与えられるはずですから。

令和2年8月　有川真由美

〈著者紹介〉
有川真由美（ありかわ・まゆみ）
作家、写真家。鹿児島県姶良市出身。熊本県立熊本女子大学生活科学部生活環境学科卒業、台湾国立高雄第一科技大学応用日本語学科修士課程修了。 化粧品会社事務、塾講師、衣料品店店長、着物着付け講師、ブライダルコーディネーター、フリー情報誌編集者など、多くの職業経験を生かして、働く女性へのアドバイスをまとめた書籍を刊行。46カ国を旅し、旅エッセイも手掛ける。著書はベストセラー「感情の整理ができる女（ひと）は、うまくいく」「30歳から伸びる女（ひと）、30歳で止まる女（ひと）」「仕事ができて、なぜかうまくいく人の習慣」「一緒にいると楽しい人、疲れる人」（ＰＨＰ研究所）他、「感情に振りまわされない―働く女（ひと）のお金のルール」（きずな出版）、「好かれる女性リーダーになるための五十条」（集英社）、「遠回りがいちばん遠くまで行ける」（幻冬舎）「いつも機嫌がいい人の小さな習慣」（毎日新聞出版）など多数。韓国、中国、台湾でも翻訳される。内閣官房すべての女性が輝く社会づくり推進室「暮しの質」向上検討会委員（2014－2015）。日本ペンクラブ会員。

「ダメな自分《じぶん》」がちょっとしたことで好《す》きになる７つの魔法《まほう》

印　刷　2020年9月20日
発　行　2020年9月30日

著　者　有川真由美《ありかわまゆみ》

発行人　小島明日奈
発行所　毎日新聞出版
〒102-0074
東京都千代田区九段南1-6-17 千代田会館5階
営業本部：03（6265）6941
図書第二編集部：03（6265）6746

印刷・製本　光邦

ISBN978-4-620-32654-2